SKILDER OP LAP

Tharina Odendaal en Anika Pretorius

BEDANKINGS

THARINA SE BEDANKINGS
Graag wil ek die volgende persone bedank:
My ouers, vir al die geleenthede en al die jare se ondersteuning en motivering; my man, Ernst, en kinders, Driaan en Marthinus, vir hulle geduld; my vriende, vir hulle belangstelling en aanmoediging; al my leerlinge, vir al hulle baie vrae wat nooit ophou nie; my twee kollegas, Leoni en Diana, vir al hulle hulp en ondersteuning; Susan Langeveldt, vir die grafiese werk op die rekenaar; en Anika, sonder wie hierdie boek glad nie die lig sou gesien het nie.

ANIKA SE BEDANKINGS
Graag wil ek die volgende persone bedank:
Tharina, vir haar ure en ure se harde werk aan die mooiste skilderye op lap – my inspirasie vir die idee van hierdie boek, en vir die feit dat sy bereid was om die kans saam met my te waag om haar wonderlike talent met die wêreld te deel; my man, Casper, wat elke keer wanneer ek 'n nuwe idee kry, my ondersteun, saam met my droom en my help om dit uit te voer; my kinders, Hannes, Herman en Jané, wat ook saam planne maak, vir hulle hulp, geduld en ondersteuning; my ouers en familie, wat hulle hele lewe lank vir my 'n inspirasie was, en is, omdat dit vir hulle lekker is om te werk en nuwe uitdagings te aanvaar; Nelly Skozana, sonder wie se hulp in die huis ek net altyd sou kon droom en niks tot uitvoer sou kon bring nie; Leoni en Diana, vir hulle hulp aan Tharina met die voorbeelde, asook hulle morele ondersteuning; Susan Langeveldt, vir die grafiese werk op die rekenaar; Struik Uitgewers, wat bereid was om ons idee te aanvaar en dit die lig te laat sien; en laaste, maar nie die minste nie, almal by Struik Uitgewers, in besonder Joy Clack, die redakteur wat gehelp het om 'n ruwe manuskrip in hierdie pragtige boek te omskep – ons weet jy het net so hard soos ons gewerk.

Die skrywers en uitgewers bedank graag die volgende ondernemings vir hulle hulp en die leen van materiaalverf en rekwisiete vir die foto's: Banks, Bric-a-Brac Lane, Plush Bazaar, Pomegranate en Zieper's Fabrics.

Struik Uitgewers (Edms.) Bpk.
('n lid van Struik New Holland Uitgewers (Edms.) Bpk.)
Cornelis Struik House
McKenziestraat 80
Kaapstad 8001

Reg.nr.: 1954/000965/07

Eerste uitgawe in 2000

10 9 8 7 6 5 4 3 2

Ook in Engels beskikbaar as *Painting on Fabric*

Kopiereg © van gepubliseerde uitgawe: Struik Uitgewers (Edms.) Bpk. 2000
Kopiereg © van teks: Anika Pretorius en Tharina Odendaal 2000
Kopiereg © van foto's: Struik Image Library/Craig Fraser 2000

Alle regte voorbehou. Geen gedeelte van hierdie publikasie mag gereproduseer, in 'n ontsluitingstelsel bewaar of weergegee word op enige manier, hetsy elektronies of meganies, deur fotokopiëring, die maak van opnames of andersins, sonder die skriftelike toestemming van die kopiereghouers nie.

Publikasiebestuurder: Linda de Villiers
Redakteur: Joy Clack
Redakteur van Afrikaanse uitgawe: Aletta van der Westhuizen
Konsepontwerper: Petal Palmer
Ontwerper: Beverley Dodd
Fotograaf: Craig Fraser
Stilis: Sonya Nel
DTP: Lellyn Creamer
Reproduksie deur Hirt & Carter Cape (Edms.) Bpk.
Gedruk en gebind deur SNP SPrint Pte Ltd, Singapore

ISBN 1 86872 530 8

inhoud

Voorwoord	**4**
Inleiding	**5**
Benodigdhede & tegnieke	**6**
Basiese ontwerpe	**30**

Gevorderde ontwerpe	**54**
Saamgestelde ontwerpe	**68**
Artikels gemaak van geverfde lap	**86**
Ontwerpe & diagramme	**112**
Indeks	**128**

VOORWOORD

So nege jaar gelede het ek eendag my dogtertjie by die kleuterskool gaan haal. In plaas van kinderkuns op die drade waarop die kleuters se kunswerke gewoonlik droog word, is ek daardie dag deur 'n reënboog van opgevoude tafeldoeke begroet. Dit was die werk van een van die ma's, Tharina, wat pas uit Gonubie in Pretoria aangekom het. Dit was so mooi dat ek nou nog kan onthou hoe party van daardie tafeldoeke gelyk het. Sommige het tarentale op gehad en ander skulpe, wat met blou verf op die lappe afgedruk was en dan met die mooiste kleure in die skraaptegniek afgerond was.

Baie gou het ek en Tharina mekaar ontmoet en toe ook agtergekom dat ons mekaar eintlik al van kleintyd af ken. Ons was in dieselfde laerskool en ook albei oudleerlinge van die Afrikaanse Hoër Meisieskool in Pretoria. Ons het vriende geword en mettertyd saam begin werk. Ek het haar gehelp met die maak van gekwilte teemusse en tafelmatjies, voorskote en soortgelyke artikels, aangesien sy nie meer kon byhou met die naaldwerk en verfwerk nie. Later het ek rompe uitgesny waarop Tharina geskilder het en wat ons saam met bypassende T-hemde, waarop sy ook geskilder het, verkoop het.

Geleidelik het Tharina al hoe meer op die materiaal begin skilder en weg beweeg van die skermdrukwerk, en hoe meer ek van haar werk gesien het, hoe meer het ek besef dat niemand by haar kan kersvashou nie. Ek het baie keer vir haar gesê dat sy 'n boek moet skryf, maar haar antwoord was altyd dieselfde – daar is nie nou tyd nie en sy wil liewer skilder. Intussen het sy ook begin om by haar huis klasse te gee waarmee sy skaars kan voorbly. Haar leerlinge kom van heinde en ver, en as hulle eers begin het, hou hulle net aan met die klasse – eerstens omdat hulle so baie leer en lekker verf en tweedens omdat dit so lekker is om by Tharina in haar studio te kuier.

Omtrent 'n jaar gelede het ek gehoor dat daar 'n dringende behoefte aan 'n boek oor materiaalverfwerk is. Toe ek vir Tharina daarvan vertel, het ons besluit om die geleentheid aan te gryp. Nie een van ons kon voltyds aan die boek werk nie. Tharina het nog steeds voltyds op bestelling geverf en klas gegee en ek het vryskutredigeerwerk vir 'n opvoedkundige uitgewer gedoen en middae wiskundeklasse aangebied. Teen die einde het ek baie dae sommer by haar huis op haar man se rekenaar gewerk terwyl sy verf en vir my vertel wat ek moet skryf.

Aan die einde van die projek, toe al die voorbeelde genommer en uitgepak was, kon ons eers regtig sien hoe hard ons gewerk het. Al die harde werk was egter vir ons albei 'n heerlike ondervinding en ons wens is dat elkeen wat die boek hanteer en dit gebruik, dit sal geniet, baie sal leer en inspirasie sal kry om self iets te verf.

ANIKA PRETORIUS

INLEIDING

Daar het baie geleenthede oor my pad gekom om my voor te berei vir hierdie wonderlike, lekker werk wat ek doen – so lekker dat elke dag die beste dag van my lewe is.

Ek was baie bevoorreg om die graad BA in Beeldende Kunste aan die Universiteit van Pretoria met skilder as hoofvak te kon verwerf. Daarna het ek wonderlike werksgeleenthede gehad en ook tyd gehad om verder nagraads te studeer in Museumkunde en om 'n Hoër Onderwysdiploma te verwerf. Elke werksgeleentheid het verskillende aspekte van kuns en ook materiaaldrukwerk uitgelig – eers by die SAUK as dekorontwerper, toe by Melrose-huis, 'n Victoriaanse Huismuseum, as kuratrise en daarna vir 10 jaar as 'n ontwerper by 'n firma wat skermdrukwerk doen. Tussendeur het ek klas gegee in skilder, houtsneewerk en skermdrukwerk. Sedert 1985 het ek my voltyds begin toelê op materiaaldrukwerk. Stelselmatig het dit oorgegaan in materiaalskilderwerk. Die afgelope paar jaar het ek weer begin klasgee en net meer en meer agtergekom hoe geweldig groot die belangstelling in hierdie handwerkvorm is. Verder het ek ook bewus geword van die baie vrae wat elke leerling of belangstellende het.

Aangesien ek self soveel vreugde uit my beroep put, het ek gevoel dat ek graag my ondervinding met ander wil deel. Ek het baie oor die titel van die boek gedink en toe uiteindelik besluit op 'Skilder op lap'. Daar is baie verskillende tegnieke om op lap te verf. In hierdie boek word hoofsaaklik net een tegniek bespreek, naamlik die tegniek om op lap te skilder. Die ander tegnieke wat ek kortliks bespreek, gebruik ek gewoonlik in kombinasie met die skildertegniek, of om die skilderwerk aan te vul. Ek wil dit egter beklemtoon dat geen tegniek beter of meer korrek as 'n ander is nie. Elkeen is slegs een van vele wat gebruik kan word.

Ek wil dit ook beklemtoon dat hierdie boek veral van hulp gaan wees vir beginners. Daar word met baie eenvoudige voorbeelde begin en ek glo dat as elkeen die basiese voorbeelde goed bestudeer en bemeester, dit sal help om 'n goeie grondslag te lê sodat enige ander onderwerp aangepak kan word.

Stap vir stap aanwysings word voorsien vir die maak van verskeie artikels van geverfde lap. Die metodes en patrone wat voorsien word, is met verloop van tyd aangepas om spesifiek by die geskilderde artikels te pas en onnodige gesukkel uit te skakel.

Mag elke leser 'n groot sukses maak van elke projek wat aangepak word. Wie weet, dalk ontdek jy 'n gawe in jouself waarvan jy nooit eens bewus was nie.

THARINA ODENDAAL

Benodigdhede & tegnieke

Goeie beplanning en voorbereiding is van die allergrootste belang wanneer enige projek aangepak word – ook wanneer jy op lap skilder. Nie alleen moet op 'n ontwerp en kleurskema besluit word nie, maar daar moet ook in gedagte gehou word waar en hoe die eindproduk gebruik gaan word. Maak 'n lys van al die benodigdhede en koop dit vooraf sodat jy sonder onderbreking kan verf. Kennis van 'n paar basiese tegnieke sal verder help dat alles glad en suksesvol verloop.

ALGEMENE BENODIGDHEDE

Dit is werklik nie duur om met hierdie stokperdjie te begin nie. Al wat regtig nodig is, is materiaal, 'n paar kleure tekstielverf, 'n paar kwaste en 'n plat oppervlak om op te werk. Sorg ook maar vir 'n voorskoot of 'n stel klere waarvoor jy nie jammer is nie. Al werk 'n mens hoe versigtig, kry jy altyd 'n blerts verf op jou hande, arms of klere. Ons gee egter 'n paar riglyne vir items wat jy dalk sal wil koop.

KWASTE

Gewone varkhaarkwaste werk baie goed op materiaal. Hoe harder en stywer die kwaste, hoe beter. Koop nr. 2, 5 en 10 kwaste om mee te begin. Dit is ook nuttig om een baie dun kwassie aan te skaf vir fyn detail.

> INDIEN JY STYWER KWASTE VERKIES, KAN JY DIE KWASTE 'N KLEIN BIETJIE KORTER SNY EN DIT WEER NA ONDER UITDUN DEUR DIT LIGGIES MET 'N SKEERMES AF TE SKUINS

SKRAPERS

Skrapers word gebruik om groot effe areas of breë randstroke te verf, asook vir die tegniek waar 'n hele stuk materiaal na willekeur met onegalige 'blokke' in verskillende kleure verf bedek word – ons noem hierdie tegniek sommer die skraap tegniek (sien bladsy 27).

Skrapers kan by 'n hardewarewinkel gekoop word. Hulle word gewoonlik gebruik om teëlgom mee aan te wend en is aan die een kant glad en aan die ander kant getand. Indien jy nie skrapers kan bekom nie, kan stukke harde karton in verskillende breedtes opgesny word, of gebruik ou kredietkaarte.

X-STRAALPLATE

Ou X-straalplate kom handig te pas wanneer 'n mens verf. Gebruik hulle as gids om rande te verf of om patroonplate mee te maak. Maak hulle skoon deur hulle in 'n sterk bleikmiddeloplossing te laat lê en dan met 'n naelborsel te skrop.

SPONSE

Blokkies spons word gebruik om geskraapte rande of die agtergrond mee glad te vryf en af te rond. Die maklikste is om sommer sponsies wat in die kombuis gebruik word of sponse wat saam met verpakkings kom, te gebruik.

Velle spons van ongeveer 1 cm dik word ook gebruik om die hele werkoppervlak mee te bedek. Dit absorbeer al die oortollige verf en beskerm die werkoppervlak.

'N LIGTAFEL

'n Ligtafel is baie nuttig om die ontwerpe op af te trek. Daar is verskillende groottes beskikbaar, maar skaf liewer die grootste moontlike model aan omdat die ontwerpe daarop baie beter beplan kan word as op 'n kleintjie.

Wanneer jy begin om op lap te verf, sal jy die volgende toerusting nodig hê vir suksevolle projekte: 'n geskikte werkoppervlak bedek met spons, 'n verskeidenheid kwaste, 'n spons, 'n skraper, permanente merkpenne, X-straalplate, maskeerband, materiaal en 'n ligtafel om ontwerpe op na te trek.

Indien jy glad nie 'n ligtafel in die hande kan kry nie, kan jy maklik improviseer. Plaas 'n groot, reghoekige stuk dik, helder glas met die kort kante elk op die kant van 'n tafel of laaikas, met 'n lig onder die glas. Dit werk baie goed, maar pas tog net op vir 'n elektriese skok of vir te dun glas wat maklik kan breek. Sorg dat die lig nie te naby die glas is en dit warm word nie, want dit kan die glas laat kraak.

TEKENBENODIGDHEDE

Hou by jou werktafel die volgende artikels byderhand: potlode; uitveërs; 'n lang liniaal sonder happe, wat afgemeet is in sentimeter; 'n maatband; verskillende kleure penne met ink wat nie uitwas nie; papier vir aantekeninge en ontwerpe; selofaanpapier om die ontwerpe op af te teken en om jou produkte in te verpak; maskeerband en 'n omlyner (spuitpunt-plastiekbotteltjies met materiaalverf).

> 'N TAFELTENNISTAFEL OP BOKKIES IN JOU MOTORHUIS WERK HEERLIK AS 'N WERKOPPERVLAK. NIE ALLEEN IS DIT LEKKER BREED NIE, MAAR AS DAAR DALK WATER OP VAL, IS DIT NIE SO 'N GROOT SKADE SOOS WANNEER DIT OP JOU DUUR EETKAMERTAFEL MORS NIE.

VOORBEREIDING VAN DIE WERKOPPERVLAK EN GEREEDSKAP

Enige plat oppervlak is geskik om op te werk. 'n Groot tafel is byvoorbeeld baie nuttig om groot artikels soos tafeldoeke op te verf, terwyl dit weer lekker is om met 'n plat stuk hout of 'n skinkbord op jou skoot of op 'n tafel te sit wanneer jy klein artikels soos tafelmatjies en servette verf. 'n Groot tekenbord, of selfs 'n esel met 'n groot bord bedek met spons, waaroor die materiaal kan hang en met groot papierknippe vasgeknyp word, werk weer baie goed vir die verf van muurbehangsels, skilderye of blindings. Sorg egter dat die tafel nie te laag of te hoog is wanneer jy staan en werk nie, anders kan 'n mens baie gou rugpyn ontwikkel as jy lank verf.

Bedek enige oppervlak waarop jy wil werk altyd met 'n laag spons wat ongeveer 1 cm dik is. Die spons sorg dat die lap nie rondskuif terwyl jy verf nie en absorbeer oortollige verf wat dalk deur die materiaal kan dring. Dit verhoed ook dat die materiaal aan die agterkant vol verf gesmeer word.

Pak alle onnodige voorwerpe op die werktafel weg en maak die tafel deeglik skoon. Sorg dat daar geen nat verf van 'n vorige projek op die blad van die tafel is nie. Sulke nat verf kan die nuwe projek en jou klere ruïneer. Verder gebeur dit ook dikwels dat 'n mens verf aan jou arm of hand kry en onwetend alles daarmee besmeer.

Sorg altyd dat daar genoeg skoon kwaste en skoon houers vir die verf is, asook 'n houer met skoon water.

DIE MATERIAAL

Wanneer daar op lap geskilder word, is die keuse van materiaal baie belangrik. Die uiteindelike keuse word gewoonlik bepaal deur die eindproduk wat jy in gedagte het. Die doel van die artikel sowel as die effek wat jy wil verkry, speel 'n rol.

KEUSE VAN MATERIAAL

Die samestelling en tekstuur van die materiaal bepaal hoe verf daarop gaan reageer, daarom moet dit versigtig gekies word.

Tafeldoekmateriaal is uiters geskik vir tafeldoeke, teemusse, blindings en muurbehangsels. Lakenmateriaal is weer beter vir gordyne, lakens en kussingslope. Ongebleikte linne werk goed vir muurbehangsels, skilderye en tafelmatjies, en wit denim is geskik vir enkellaagtafelmatjies en sakke.

Verf reageer verskillend op verskillende materiaal. Op sommige stowwe is dit moeilik om 'n gladde effek te verkry, terwyl dit juis geskik kan wees vir 'n interessante tekstuur en om kwasmerke te toon. Sommige lap laat die verf tot 2,5 cm verder vloei as waar dit aangeverf word, wat 'n spesifieke effek tot gevolg het. Alle materiaal is ook nie oral verkrygbaar nie. Koop dus 'n klein stukkie en toets dit vir die verwagte resultate.

Die materiaal waarop jy gaan verf moet verkieslik van natuurlike vesels soos katoen, sy, linne of viskose geweef wees. Deesdae is die meeste materiale wat soos katoen lyk mengsels van katoen en poliëster. Die probleem met hierdie mengsels is dat die verf makliker uitwas en die ontwerp na elke was dowwer word. Dit kan tot 'n mate verhoed word deur die geverfde materiaal nie gou nadat dit geverf is te was nie, en deur 'n hittebehandeling (kyk bladsy 29) uit te voer.

Suiwer katoen werk altyd baie goed, hoewel dit erg kreukel en nie altyd beskikbaar is nie. Katoenbreistof werk ook goed, behalwe dat dit die verf moeiliker absorbeer en dit moeiliker is om verf daarop aan te bring as op geweefde materiaal. Pragtige, eksklusiewe T-hemde kan gemaak word deur katoen-T-hemde by kettingwinkels te koop en ontwerpe daarop te verf.

Om te toets of materiaal uit suiwer katoen of 'n mengsel bestaan, kan 'n klein stukkie aan die brand gesteek word. Katoen sal stadig tot 'n fyn as brand. Indien dit poliëster bevat, sal dit vinnig brand en amper soos swart, gesmelte plastiek lyk.

VOORBEREIDING VAN DIE MATERIAAL

Maak voorsiening daarvoor dat stowwe van natuurlike vesels kan krimp wanneer dit gewas word. Koop dus sowat 10% meer materiaal as wat nodig is.

Was alle materiaal van natuurlike vesel soos ongebleikte linne, suiwer katoen en linne baie goed met seep teen die maksimum temperatuur in die wasmasjien. Hierdie proses is noodsaaklik om alle stysel en onsuiwerhede uit te was en om die materiaal te krimp voor gebruik. Hang dit buite op tot amper droog en stryk dit dan deeglik met 'n baie warm yster.

Hou die materiaal weg van enige verf totdat die ontwerp klaar daarop aangebring is. Onthou, vuiligheid op materiaal kan nie toegeverf word nie en dit kan 'n pragtige artikel ruïneer. Sny ook die materiaal heeltemal haaks voordat 'n ontwerp daarop aangebring word. 'n Skewe lap met 'n ontwerp daarop kan nie agterna reggetrek of reggesny word nie.

> SORG DAT JOU MATERIAAL TOT DIE REGTE GROOTTE GESKEUR KAN WORD, ANDERS MOET JY 'N DRAAD TREK VOOR JY DIT KNIP.

KOOP & MENG VAN VERF

Wanneer verf gekoop word, is dit belangrik om seker te maak dat dit bedoel is vir gebruik op tekstielstowwe. Dit behoort gemerk te wees as 'materiaalverf/tekstielverf' of 'fabric paint'. Indien jy nie seker is of die verf geskik is nie, los dit liewer en gaan na 'n volgende handelaar. Baie werk en tyd word bestee aan elke artikel en as jy nie die regte soort verf gebruik het nie kan die artikel later glad nie gewas of skoongemaak word nie.

Dit is baie maklik om met tekstielverf te werk. Die verf is wateroplosbaar, reukloos en nie giftig nie. Die verf wat normaalweg gebruik word bestaan uit twee komponente, naamlik 'n wit emulsie of deurskynende basis ('Extender'), wat soos houtlym lyk en pigment wat soos gekleurde ink lyk. Jy kan die klaar gemengde verf koop, of jy kan die emulsie en die pigment apart koop en self meng. Indien jy groot artikels maak, of artikels maak om te verkoop, werk laasgenoemde baie goedkoper uit. Sommige mense verwys na die verf as ink, maar dit is verwarrend aangesien dit eerder na 'n pasta as na ink lyk.

Daar is 'n hele paar verskillende soorte verf, maak dus seker voordat jy koop dat dit die verf is waarna jy soek. Die verskillende soorte is:

Deurskynende kleure of 'Coloured paint'
Die meeste voorbeelde in die boek is met hierdie verf geskilder. Die kleure kan oormekaar geverf word om nuwe kleure te kry.

Halfdeurskynende verf of 'Semi-opaque paint'
Hierdie kleure is soos die naam sê, gedeeltelik deurskynend.

Niedeurskynende verf of 'Opaque paint'
'n Voorbeeld hiervan is opake wit. Met hierdie verf kan alle verf toegeverf word.

Metaalkleure of 'Metallic paint'
'n Bietjie goue, silwer of brons verf kan 'n artikel baie mooi afrond. Dit lyk pragtig as sommige van die buitelyne van 'n ontwerp in goud, silwer of brons oorgeteken word. In hierdie boek word aangemaakte metaalverf wat in 'n botteltjie verkoop word, gebruik. Werk spaarsaam met hierdie verf aangesien dit baie duur is.

Pêrelkleure of 'Pearly paint'
Hierdie verf gee 'n pêrelagtige skynsel wanneer dit gebruik word en is baie nuttig vir dekoratiewe werk.

Pofverf
Dit is verf wat opstaan en amper soos plastiek voel. Die pofeffek word deur hitte geaktiveer.

Deurskynende basis of 'Extender'
Hierdie produk word gebruik as basis om met kleurpigmente te meng, asook om klaar gemengde kleure ligter te maak.

Dit is raadsaam om aanvanklik net 'n paar basiese deurskynende kleure en deurskynende basis om die kleure ligter te maak, te koop. Eksperimenteer met die meng van kleure en onthou tog om neer te skryf wat jy gedoen het om 'n sekere kleur te kry.

Wanneer jy ligte kleure meng, is dit altyd beter om eers die deurskynende basis in die bakkie te plaas en titseltjies kleur op 'n slag by te voeg tot jy die verlangde kleur kry.

Begin met 'n klein verskeidenheid basiese kleure en koop later nog namate jy meer ervare raak.

BASIESE KLEURE

Om te begin kan die volgende vier basiese kleure gekoop word:
- Blou: vlootblou
- Geel: primulageel
- Magenta: magenta (nie dieselfde as die maroen wat aangemaak verkoop word nie).
- Rooi: helder rooi

'n Verskeidenheid interessante kleure kan met die vier basiese kleure en deurskynende basis gemeng word:
- Oranje: geel + rooi
- Appelkoos: geel + rooi + magenta + basis
- Perske: geel + magenta + basis
- Bruin: geel + rooi + magenta + blou
- Toffie: bruin + geel + basis
- Mosterd: bruin + baie geel + basis
- Terracotta: geel + redelik baie magenta
- Kersie: geel + baie magenta
- Geelgroen: baie geel + blou
- Olyfgroen: blou + geel
- Blougroen: baie blou + geel
- Swart: geel + rooi + blou + magenta
- Jakarandablou: blou + bietjie magenta + basis
- Pers: blou + magenta
- Druiwepers: magenta + bietjie blou
- Pienkpers: bietjie magenta + klein bietjie blou + basis

> SKAF 'N AANTEKENINGBOEK AAN WAARIN JY VAN DIE BEGIN AF AANTEKENINGE MAAK OOR ELKE PROJEK. DUI AAN WATTER MATERIAAL EN HOEVEEL JY GEKOOP HET, HOE JY DIE VERF GEMENG HET EN ENIGE ANDER INLIGTING. 'N MENS KRY HIERDIE INLIGTING ALTYD WEER NODIG EN, GLO MY, DIT HELP NIE OM OP JOU GEHEUE TE PROBEER STAATMAAK NIE.

BYKOMENDE KLEURE

Skaf mettertyd ook minstens die volgende kleure aan:

- Blou: koningsblou
- Bruin: goudbruin
- Geel: goudgeel ('n meer oranje geel as primulageel)
- Groen: helder groen, smaraggroen
- Goud: metaalgoud
- Pers: violet
- Turkoois: turkoois
- Swart: swart
- Wit: opake wit

Die volgende kleure is almal met die vier basiese kleure, ekstra 16 kleure en basis gemeng:

- Geelgroen
- Appelgroen
- Donkergroen
- Bottelgroen
- Pougroen
- Donkerblou

Die mooiste seegroene kan gemeng word van kombinasies van turkoois, smaraggroen en vlootblou. Aangesien blou en geel 'n olyfgroen gee, is die helder groen en smaraggroen nodig om 'n ander reeks groene te verskaf.

Indien jy baie bruin en swart verf in jou werk gebruik, is dit dalk ook raadsaam om hierdie kleure as klaar gemengde verf aan te skaf.

Werk baie spaarsaam met jou verf en moet nooit te veel verf meng nie. Die kleure word dof en vuil. Dit kry ook 'n korrelrige tekstuur, wat nie mooi op die materiaal lyk as dit begin uitdroog nie. Indien jy egter 'n baie groot projek aanpak wat jy nie in een dag kan voltooi nie, byvoorbeeld gordyne, is dit wenslik om genoeg verf vooraf te meng aangesien dit baie moeilik is om weer presies dieselfde kleure te kry. Meng die verf in plastiekhouers met deksels, byvoorbeeld roomysbakke, en gooi elke keer net genoeg in 'n polistireenbakkie uit as jy verf.

Moet nooit die verf direk op die materiaal meng nie en maak seker dat die kleur perfek gemeng is voordat jy daarmee verf, anders kan dit streperig lyk.

> ALLE KLEURE KAN LIGTER GEMAAK WORD DEUR BASIS BY TE VOEG.

KOOP EN MENG VAN VERF

ONTWERPE

Alles in die natuur is driedimensioneel en as ons ontwerpe wil skilder sodat ander hulle moet herken, moet ons 'n driedimensionele illusie skep. Om hierdie illusie met verf te kan skep, is die belangrikste vaardigheid wat 'n mens moet aanleer die vermoë om te 'sien'. Hierdie proses om te leer 'sien', is werklik 'n wonderlike ervaring. Skielik sien 'n mens detail en wonders in die natuur raak waarvan jy vroeër nie bewus was nie.

Die beste leermeester is die werklikheid. As jy byvoorbeeld blare, blomme of vrugte wil teken, moet jy eers baie goed na regte blare, blomme en vrugte gaan kyk. Kyk na die verskillende vorms en kleure van blare, blomme en vrugte. Let op na die verskil in kleur en tekstuur van die bo- en onderkant van 'n blaar of van die skille van verskillende vrugte. Teken verskillende blare, blomme en vrugte. Teken byvoorbeeld 'n regte lemoen, sny hom oop, kyk na die segmente en kyk hoe lyk dit as die lig uit verskillende hoeke op die lemoen val en waar daar dan elke keer skaduwees gaan wees. As jy eers weet hoe om die voorwerp te teken, sal jy dit soveel beter kan skilder.

KEUSE VAN 'N ONTWERP

Moet nooit begin skilder voordat jy nie beplan het wat jy wil doen nie. Na gelang van die grootte van die ontwerp moet jy die vorm en verspreiding van die kleure beplan. Moet nooit al die voorwerpe in die ontwerp reg van voor afbeeld nie, maar probeer om hulle vanuit verskillende hoeke uit te beeld.

Let ook op na verskille in tekstuur. Verskillende teksture kan 'n ontwerp baie interessanter maak. Die tekstuur kan ook 'n bepaalde atmosfeer of gevoel aan 'n ontwerp gee.

Beligting speel 'n baie belangrike rol in ontwerp. Onthou, lig kom gewoonlik van een kant af. As die lig reg van voor af kom, sal die voorwerp plat vertoon. Dit lyk dus baie mooier as die lig van een van die sykante af val en daar skaduwees is wat diepte aan die ontwerp gee.

Voorbeelde van tekeninge in potlood wat later gebruik kan word om meer gevorderde ontwerpe te ontwikkel.

VERGROTING EN VERKLEINING VAN 'N ONTWERP

Die meeste ontwerpe wat gebruik word vir materiaalskilderwerk, soos ook almal wat in hierdie boek ingesluit is, is nie die regte grootte nie en moet gewoonlik vergroot word. Die maklikste manier om die ontwerpe te vergroot is met 'n fotostaatmasjien. Ongelukkig is dit nie altyd moontlik om met 'n gewone masjien dadelik die regte grootte te kry nie en moet 'n ontwerp soms oor en oor vergroot word voordat dit reg is. In sommige stede is daar nou fasiliteite beskikbaar waarmee enige verlangde grootte verkry kan word, maar natuurlik teen 'n prys.

'n Alternatief is om grafiekblokke of 'n rooster oor die ontwerp te teken. Ewe groot blokkies, byvoorbeeld 1 x 1 cm, word met 'n potlood regoor die ontwerp getrek. Om die ontwerp te vergroot word nou net soveel blokkies van byvoorbeeld 2 x 2 cm of 10 x 10 cm op 'n groter stuk papier getrek. Die ontwerp word dan blokkie vir blokkie van die klein na die groot blokkies oorgeteken. By 2 cm-blokkies sal die oppervlakte van die ontwerp dus vier keer vergroot word en by 10 cm-blokkies honderd keer.

> MOENIE SOMMER BESLUIT DAT JY NIE OP LAP KAN SKILDER INDIEN JY SUKKEL OM SELF IETS TE ONTWERP NIE. GEBRUIK GERUS VAN DIE ONTWERPE IN HIERDIE EN IN ANDER BOEKE, ASOOK ONTWERPE WAT IN DIE HANDEL BESKIKBAAR IS.

Wanneer ons egter sê ons vergroot die patroon 10 keer beteken dit ons gebruik 10 cm-blokkies om die patroon te vergroot.

Indien jy 'n enkele voorwerp gaan gebruik, byvoorbeeld wanneer jy 'n tafeldoek met suurlemoene gaan verf, is dit noodsaaklik om die komposisie vooraf te beplan. Besluit met ander woorde hoe en waar die suurlemoene op die artikel geplaas gaan word. Vergroot die suurlemoen net een keer na die verlangde grootte en teken daarna dieselfde suurlemoen in die verskillende posisies op die artikel af.

Gebruik 'n rooster met blokke om die ontwerp te vergroot.

> ORGANISEER JOU ONTWERPE VAN DIE BEGIN AF BAIE GOED. GOEIE ONTWERPE IS JOU GROOTSTE BATE EN AS JY HULLE NIE GOED OPPAS NIE, GAAN HULLE VERLORE. LIASSEER ALLE IDEES EN PRENTE VOLGENS ONDERWERP IN 'N LÊER. LIASSEER ALLE ONTWERPE WAT NOG VERGROOT MOET WORD IN 'N ANDER LÊER. ALLE ONTWERPE WAT GEREED IS VIR GEBRUIK EN REEDS IN INK OP PAPIER OF SELOFAAN OORGETEKEN IS, KAN NETJIES OPGEROL WORD OF IN 'N PLAT TAS GEBÊRE WORD. DIT IS OOK 'N GOEIE PLAN OM AL HIERDIE ONTWERPE DUIDELIK TE NOMMER EN 'N LYS IN JOU AANTEKENINGBOEK TE MAAK. ONTHOU OM AAN TE TEKEN INDIEN JY 'N ONTWERPPATROON UITLEEN.

KOMBINEER BASIESE ONTWERPE

Baie van die ontwerpe in dié boek, is kombinasies van 'n paar basiese ontwerpe. Wanneer so 'n ontwerp saamgestel word, is dit noodsaaklik om te weet waar en hoe die ontwerp gebruik gaan word. Beplan op 'n ruwe skets watter ontwerpe jy wil gebruik en hoe jy hulle op die artikel wil plaas.

Wanneer 'n ontwerp saamgestel word uit afsonderlike ontwerpe, moet die skaal dieselfde wees. Jy kan nie 'n aarbei en 'n lemoen ewe groot teken nie – hulle groottes moet in verhouding tot mekaar reg wees. Trek die afsonderlike ontwerpe, nadat elkeen tot die regte grootte vergroot is, op selofaan of deurskynende papier af. Speel eers rond met die ontwerpe en teken dan die volledig saamgestelde ontwerp op papier uit.

Vir die sentrale ontwerp van byvoorbeeld 'n tafeldoek, begin mens by die middel van die tafeldoek. Daarna word die ontwerpe in die hoeke geplaas, en dan kan die gedeeltes tussenin maklik ingevul word.

By 'n randpatroon werk mens horisontaal van die middel af uit na buite. Sorg dat die afstande tussen individuele ontwerpe aan weerskante dieselfde is sodat die ontwerp simmetries is.

As jy 'n ontwerp vier keer wil herhaal, kan jy die materiaal in die helfte en weer in die helfte vou. Stryk liggies sodat jy vier ewe groot vierkante of reghoeke sien wanneer jy die materiaal oopvou. Dit is dan makliker om die ontwerpe in posisie te plaas.

> DIT IS BAIE BETER OM DIE HELE ONTWERP EERS OP PAPIER UIT TE TEKEN EN DAARNA VAN DIE PAPIER OP DIE MATERIAAL NA TE TREK. BY ALLE KOERANT-DRUKKERS KAN ROLLE MET DIE LAASTE PAAR METER SKOON KOERANTPAPIER BAIE GOEDKOOP VERKRY WORD. ONTHOU DIT IS BAIE MOEILIK OM LYNE WAT VERKEERD OP MATERIAAL AANGEBRING IS UIT TE VERF, OF SELFS OM POTLOODLYNE UIT TE VEE.

AANBRING VAN ONTWERPE OP MATERIAAL

Wanneer die ontwerp die verlangde grootte is, moet die lyne weer baie duidelik met 'n swart pen met permanente ink op sterk plastiek, selofaan of papier oorgetrek word. Die lyne moet baie duidelik wees aangesien dit deur die materiaal moet skyn.

Die ideale manier om die ontwerp nou op die materiaal oor te teken, is om op 'n ligtafel te werk aangesien die patroon daarop baie duidelik deurskyn. Indien jy nie toegang tot 'n ligtafel het nie en nie een kan improviseer nie, is daar 'n hele paar ander metodes om die patroon op die materiaaal af te teken:

- Plaas die patroon wat op wit papier geteken is onder die materiaal en teken dit af met 'n potlood, materiaalmerkpen of direk met 'n omlyner (plastiekspuitbotteltjie). Indien die patroon baie duidelik geteken is, werk dit baie goed op wit of enige ander ligkleurige materiaal. Moet liewer nie met 'n potlood op die materiaal werk nie aangesien dit moeilik is om foute op lap uit te vee.
- Naaldwerkdeurslagpapier kan bo-op die materiaal en onder die patroon geplaas word. Die patroon kan dan selfs met 'n leë balpunt pen afgetrek word aangesien die deurslagpapier afgee op die materiaal wanneer daarop gedruk word. Hierdie metode word gewoonlik gebruik vir donkerkleurige materiaal wat nie deurskyn nie.
- Indien dit 'n klein ontwerp op 'n klein stukkie lap is en jy nie 'n ander plan kan maak nie, kan jy in die daglig die ontwerp op papier met die lap bo-op teen 'n helder glasvenster vasdruk en die ontwerp só afteken.

> 'N RANDPATROON OP 'N TAFELDOEK KAN OP 'N TEENET OF TEEMUS HERHAAL WORD OM 'N MOOI EENHEID TE VORM.

Hierdie voorbeelde van randpatrone is saamgestel uit sommige van die basiese ontwerpe agter in die boek.

ONTWERPE

GEBRUIK VAN KLEUR

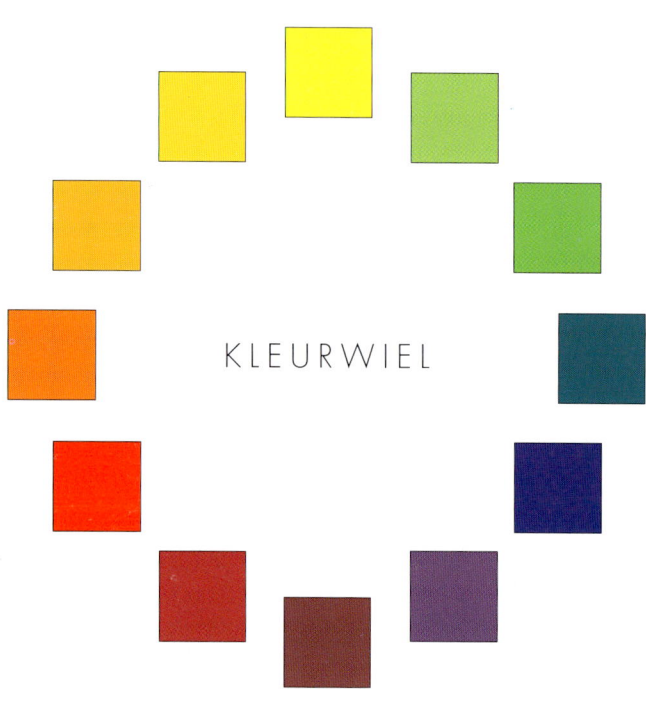

Bestudeer hierdie kleurwiel om 'n gevoel vir kleur te ontwikkel.

KIES VAN KLEURE VIR 'N ONTWERP

Die keuse van die kleure is amper belangriker as die ontwerp. Met 'n swak kleurkeuse sal selfs 'n baie goeie ontwerp nie tot sy reg kom nie, en dit kan selfs daardeur verwoes word. Die omgekeerde kan egter ook gebeur wanneer 'n baie eenvoudige ontwerp pragtig lyk, bloot omdat die kleure slim gekies is.

Speel en eksperimenteer met kleure. Die tyd wat jy daaraan bestee, is 'n belegging en sal jou uiteindelik baie verdriet spaar. Verf kleure langs mekaar op oefenlappies en kyk hoe hulle met mekaar 'reageer'. Onthou net dat kleure ligter word wanneer hulle droog word en dat hulle verskillend op verskillende materiale reageer. Hoe meer jy speel, hoe meer gaan jy 'n aanvoeling vir kleur ontwikkel. Dit is ook belangrik om te onthou dat jy juis op hierdie manier jou eie styl gaan ontwikkel, wat heeltemal gaan verskil van enigiemand anders s'n. Maak lappies met voorbeelde van kleure vir jou aantekeningboek en onthou om neer te skryf wat jy gedoen het om 'n spesifieke kleur te kry.

Die mooiste kleurkombinasies word gewoonlik verkry deur die teenoorstaande kleure op die kleurwiel saam te gebruik. Dink net aan donkerblou saam met geel, lemmetjiegroen saam met pers, en groen saam met oranje.

Indien jy wonder oor 'n kleur, kan jy altyd kyk na die natuur. Kyk na die blomme, blare en gras of na die kleure van die seeplante en -diere in rotspoeletjies langs die see. Helderkleurige blomme is dikwels omring deur helder groen blare. Sagte blou blommetjies het baie keer weer minder blare en ook dowwer skakerings van groen saam met hulle. Suurlemoene, wat 'n helder sterk geel is, kom tot hulle reg saam met die harde, sterk en helder groen blare van die suurlemoenboom. Dink ook aan die besonderse aardse kleure in 'n droë gebied of woestyn.

As ons kyk na 'n blom of 'n blaar, sien ons nooit net een skakering van 'n kleur nie. Daar is altyd skaduwees en variasies. Wanneer jy daarin slaag om dit raak te sien en in jou werk weer te gee, het jy begin om skeppend te skilder. Juis daarom noem ons hierdie boek *Skilder op lap* en nie *Verf op lap* nie.

DIE BUITELYNE VAN 'N ONTWERP

Verskillende kleure kan gebruik word om die buitelyne van die ontwerp op die materiaal aan te bring. Party keer word daar selfs twee kleure vir buitelyne in een ontwerp gebruik. Elke kleur het egter 'n ander effek, soos uit die voorbeelde gesien kan word.

Verskillende mediums kan vir die buitelyne gebruik word. In hierdie boek word net drie gebruik: 'n potlood, materiaalmerkpenne en omlyners (spuitbotteltjies met verskillende kleure verf). Dit kan by stokperdjie- of kunswinkels gekoop word.

In die eerste voorbeeld is die patroon met 'n baie ligte potlood op die materiaal aangebring of die ontwerp word net met 'n kwas op die materiaal geverf. Dit word gewoonlik gebruik om 'n baie natuurlike voorkoms te verkry, byvoorbeeld wanneer 'n skildery vir 'n muur gemaak word. Die agterste blare in 'n ontwerp word ook gewoonlik op hierdie manier geverf sodat dit lyk of die blare ver is.

In die volgende twee voorbeelde is die buitelyne met verskillende kleure verf in botteltjies aangebring. Die verskil in effek is baie duidelik en die verskillende kleure kan 'n heel ander atmosfeer tot gevolg hê.

Buitelyne wat heel laaste weer met goue, silwer of brons verf in 'n spuitbotteltjie oorgeteken word, lyk ook pragtig. Dit kan 'n eenvoudige artikel baie spesiaal en professioneel laat lyk.

> KOOP LEË PLASTIEKBOTTELTJIES MET 'N SPUITPUNT EN PROPPIE EN VUL HULLE SELF MET AANGEMAAKTE VERF. DIT IS BAIE GOEDKOPER EN JY KAN BUITENGEWONE KLEURE WAT JY SELF MENG, GEBRUIK.

Verskillende effekte met buitelyne: die eerste blaar is nie omlyn nie, terwyl die tweede en derde blare in verskillende kleure omlyn is.

SKILDERTEGNIEKE

Daar is baie verskillende maniere om verf aan te wend. Nie een van hulle is 'n korrekte, beter of verkeerde manier nie. Elke persoon kies op die ou end 'n tegniek of ontwikkel 'n eie tegniek wat by sy of haar styl en persoonlikheid pas.

Wanneer 'n mens skilder, kom daar 'n derde dimensie of diepte by. Dit kry 'n mens deur variasie in die verskillende skakerings van kleure. Dit is nie maklik om variasie weer te gee nie en daarom is dit noodsaaklik dat 'n mens na blomme, blare, vrugte en skulpe gaan kyk voordat jy begin verf. Wanneer jy dit doen, sien jy skielik detail raak waarvan jy nie eers bewus was nie, en begin 'n mens stadig maar seker 'n gevoel vir diepte en kleur ontwikkel. Ek wil voorspel dat jy van nou af altyd met ander oë na 'n blommetjie of selfs 'n grassie gaan kyk.

Die tegnieke wat in hierdie boek gebruik word, het oor jare ontwikkel en gee my die resultaat wat ek nóú wil verkry. Beproef hierdie tegnieke en eksperimenteer self todat jy iets kry waarvan jy hou en waarmee jy die effek kry wat jy wil hê. Geen twee mense se produk gaan of behoort dieselfde te lyk nie, en dit is juis wat hierdie kunsvorm so lekker maak.

> DAAR IS GEEN REËLS NIE! ENIGE TEGNIEK IS
> TOELAATBAAR, SOLANK DIT VIR JOU MOOI IS
> EN JY DIT GENIET OM TE VERF.

Met verskillende skakerings van 'n kleur kan jy diepte en 'n natuurliker, driedimensionele effek in 'n ontwerp verkry.

SKILDERTEGNIEK

Benodigdhede
- Enige materiaal van natuurlike vesel
- 'n Pen vir die buitelyne van die ontwerp
- Wit varkhaarkwaste nr: 2, 4, en 6 vir klein ontwerpe; 6 en 10 vir groot ontwerpe
- Verf

1 Laat alle ligkolle oop op die materiaal sodat die natuurlike wit kleur van die materiaal behoue bly en dit nie later met wit opake verf aangebring moet word nie. Die natuurlike wit van die materiaal lyk baie mooier en meer natuurlik.

2 Verf klein areas met 'n klein kwassie en groter areas met 'n breër kwas.

3 Verf die ligste kleure eerste aangesien kleure slegs donkerder en nie ligter gemaak kan word nie. In uitsonderlike gevalle kan ligter kleure oor donker kleure geverf word, maar dan word opake kleure gebruik wat nie deurskynend is nie. Die ligte kleur word dan met 'n donkerder kleur toegeverf.

4 Verf die ligste kleure altyd oor 'n groter area as wat dit uiteindelik moet bedek. Dit help dat die donkerder kleure beter saamsmelt. Daar is dan ook nie 'n definitiewe skeidslyn tussen die kleure nie.

5 Probeer altyd om 'n hele gedeelte of voorwerp op een slag te voltooi terwyl dit nog nat is. Dit help om die kleure beter te laat saamsmelt.

6 Onthou, nat verf is altyd donkerder as droë verf. Indien jy twyfel oor 'n kleur, toets dit eers op 'n oorskietlappie van dieselfde materiaal en laat dit heeltemal droog word.

PERSPEKTIEF

Wanneer ons 'n ontwerp skilder, bevat dit gewoonlik meer as een voorwerp. Die voorwerpe lê nie almal langs mekaar nie, maar party lê voor of op die ander. As ons almal dieselfde kleur gaan skilder, gaan ons 'n baie 'plat' skildery kry. Om diepte te kry is dit dus nodig om die voorwerpe só te skilder dat ons dadelik kan sien dat die een voor die ander lê.

In die voorbeeld hierbo wil ons die illusie skep dat die een peer voor die ander aan die boom hang. Uit die tekening kan ons sien dat die regterkantste peer voor hang omdat die linkerkantste peer nie volledig geteken is nie. Ons moet egter ook deur kleur aandui dat die een peer voor die ander hang.

Skilder die pere op presies dieselfde manier as wanneer enige ander peer geskilder word (kyk bladsy 42–43). Let egter op die volgende:

- Maak die ligkolle van die voorste peer groter as dié op die agterste peer.
- Gebruik donkerder kleure vir die agterste peer as vir die voorste peer.
- Verf die donkerste gedeeltes op die agterste peer aan die regterkant agter die voorste peer.

AGTERGROND

Daar is baie maniere en tegnieke om die agtergrond in te verf. In hierdie boek bespreek ons drie. Die eerste tegniek is vir 'n egalige effe agtergrond. By die tweede tegniek word die agtergrond driedimensioneel ingeverf, en by die derde word die agtergrond ingeskraap. Hierdie drie tegnieke word in al die voorbeelde gebruik aangesien hulle so goed aansluit by die skildertegniek wat gebruik word.

Egalige, effe agtergrond

Hierdie tegniek word meesal op klein areas soos tafeldoekies, tafelmatjies en teemusse gebruik, maar indien die agtergrond netjies en egalig ingeverf word, lyk dit ook mooi op groot artikels. Let egter op na die tipe materiaal wat jy gebruik. Sekere materiale werk beter en lyk mooier omdat die eindproduk 'n gladder en sagter tekstuur het. Toets dit dus eers op 'n lappie en laat dit goed droog word om die resultaat te sien.

Benodigdhede

- Skrapers van verskillende breedtes
- Kwaste van verskillende diktes
- Ou X-straalplate
- Maskeerband van verskillende breedtes
- Sponsblokkies
- Verf

1 Wanneer 'n agtergrond op hierdie manier geverf word, moet jy genoeg tyd hê om die hele agtergrond in een sessie klaar te verf. Indien jy sou stop, sal dit 'n definitiewe merk maak wat die hele artikel gaan bederf.

2 Maak seker dat jy genoeg verf meng om die hele agtergrond te bedek. Al doen jy alles op presies dieselfde manier, gaan die kleur nooit weer presies dieselfde wees nie en gaan dit op so 'n groot effe area beslis sigbaar wees.

3 Kies die kleure van die agtergrond baie versigtig, veral as daar sprake is van 'n rand in 'n ander kleur. Om seker te maak dat die kleure nie inmekaar invloei nie, kan daar 'n skeidingslyn met maskeerband geplak word. Sorg net dat die maskeerband baie goed vaskleef aangesien die verf onder die band invloei as dit nie die geval is nie. By twee kleure wat mooi meng is dit nie so 'n groot probleem nie, maar wanneer kleure soos geel en pers meng, kry ons 'n lelike bruin wat gewoonlik nie inpas by die res van die kleure nie.

4 Skoongeskropte X-straalplate kan ook gebruik word om reguit grense tussen kleure aan te bring.

5 Maak seker dat die verf baie goed gemeng is. Indien die verf nie goed gemeng is nie, sal onegalige kleur baie duidelik wys as die skraper daaroor getrek word.

6 Begin om die gedeeltes waar daar nie met 'n skraper gewerk kan word nie, met 'n kwas in te verf. Sulke plekke is byvoorbeeld tussen blare of op die rande van die ontwerp.

7 Gebruik die skrapers om die groot oop gedeeltes mee toe te skraap. Stop elke paar minute en vee hard met die spons oor die geverfde oppervlak om die verf so egalig en glad as moontlik te maak.

Die effe koningsblou agtergrond kontrasteer mooi met die helder geel sonneblomme.

8 Dit is soms nodig om twee lae verf oor die hele area aan te wend. Maak egter seker dat daar altyd ewe veel verf oor die hele area aangebring word anders gaan die agtergrond streperig en vol merke wees wanneer dit droog word.

SKILDERTEGNIEKE

Driedimensionele agtergrond

Hierdie tegniek word gebruik om die driedimensionele hoofontwerp in die voorgrond nog verder uit te lig.

Benodigdhede
- Kwaste van verskillende diktes
- Verf

1. By blomme wil ons 'n illusie skep dat die blomme deel van 'n bos blomme in die natuur of 'n tuin is. Die afstand van die agterste blare word gesuggereer deur die afwesigheid van omlyning, met net kwaswerk. Hoe verder agtertoe hoe minder detail word uitgebeeld. Die blare word dus al minder realisties en die are op die blare al dowwer

2. Om 'n illusie te skep dat daar nog blomme in die agtergrond is, kan 'n ligte kleur, wat in die blomme op die voorgrond gebruik is, in die agtergrond aangewend word.

3. Om die lug uit te beeld word baie ligte bloue gebruik wat soms selfs oor die agterste blare geskilder word. Probeer altyd om die luggedeeltes in een sessie klaar te skilder om 'n baie sagte en wasige effek te verkry. Indien jy die verf laat droog word en later weer begin skilder, sal duidelike watermerke op die materiaal sigbaar wees.

4. In sommige gevalle sal jy egter doelbewus die verf laat droog word om te voorkom dat die kleure smeer. 'n Voorbeeld hiervan is by verskillende blare waar 'n mens nie wil hê dat die verskillende kleure groen van die blare inmekaar loop nie.

Waterige verf oor die agtergrond gesprinkel verhoog die driedimensionele effek.

5. Interessante effekte kan verkry word deur ligte, wasige kleure na willekeur in te verf. Kombinasies van byvoorbeeld ligte turkoois, blou en geel lyk pragtig. Laat die verf droog word en verdun dan 'n kontrasterende kleur verf met water tot dit soos gekleurde water lyk. Drup of spat van hierdie verf oor die vorige droë verf. Hierdie metode kan gebruik word vir die agterkante van tafelmatjies, kussings of sakke.

Geskraapte agtergrond

Die skraaptegniek is baie vinnig, maklik en effektief in enige kombinasie van kleure. Dit werk baie goed vir groot areas soos blindings en gordyne.

'n Duidelike voorbeeld van die skraaptegniek.

Benodigdhede
- Skrapers in verskillende breedtes
- Verf

1. Kies en meng al die verf wat vir die projek benodig word voordat jy begin verf. Onthou ook om genoeg verf te meng om die hele projek af te handel.

2. Plaas die verskillende kleure verf in afsonderlike bakkies wat breër as die skrapers is.

3. Die ligste kleur of die kleur waarvan jy die meeste wil wys, word eerste gebruik.

4. Druk die skraper skuins in die verf – teen 'n hoek van ongeveer 30 grade – sodat daar meer verf aan die een kant van die skraper as aan die ander kant sal wees.

5. Trek die skraper teen dieselfde hoek as waarmee jy dit in die verf gedoop het in enige rigting en oor enige afstand oor die materiaal. Die merke kan gebroke of solied wees. Oneweredige merke vorm interessante patrone en ontwerpe wanneer daar later weer met ander kleure bo-oor hulle geskraap word

6. Skraap eers oor die hele area met een kleur voordat jy met die tweede en derde kleure werk. Dit verseker dat die verspreiding van al die kleure eguliy is en dat die materiaal nie aan die een kant donkerder as aan die ander kant is nie, behalwe as jy dit so beplan het.

7. Met hierdie tegniek kan die kleure oormekaar geskraap word al is die onderste kleure nog nat.

8. Indien jy aan die einde voel dat jy te min van 'n spesifieke kleur sien, kan jy so 'n kleur weer 'n keer oor die ander kleure skraap.

9. Onthou die hele area kan bedek word met verf, of daar kan wit kolle op die materiaal oopgelaat word.

SKILDERTEGNIEKE

'N EFFE BUITERAND

Baie artikels word met 'n effe rand van 4–10 cm reg rondom afgewerk. Om hierdie rand reguit en ewe breed te verf gebruik ons gewoonlik skoongeskropte X-straalplate en 'n skraper.

1. Besluit hoe breed jy die rand wil maak en laat 2–3 mm ekstra toe wat die omkapmasjien gaan afsny.

2. Merk op elke sy van die artikel 'n paar punte af wat as gids moet dien. Doen dit verkieslik met 'n pers merkpen waarvan die ink verdwyn.

3. Kies die kleur van die rand baie versigtig. Sterk kleure soos vlootblou en donker groene lyk gewoonlik baie mooi.

4. Druk die kant van die X-straalplaat baie stewig aan die binnekant van die artikel op die merkies op die materiaal vas. Begin om die verf met 'n skraper aan te wend. Skraap altyd weg van die plaat af en maak baie seker dat daar nie van die verf onder die plaat ingaan nie. Die oortollige verf kan versigtig met 'n spons opgevee word en egalig glad gemaak word.

5. Laat die rand baie goed droog word voordat jy die artikel optel en opvou.

By 'n dubbele rand moet die ligste rand heeltemal droog wees voordat die tweede, donkerder rand geskraap word.

HITTEBEHANDELINGS

Wanneer tekstielverf op materiaal gebruik word, moet die kleure gefikseer word om dit kleurvas te maak. Dit beteken dat een of ander proses toegepas word om te verhoed dat die kleure weens blootstelling aan lig verbleik, of uitwas. Gewoonlik word hitte gebruik om die kleur te fikseer en die materiaal kleurvas te maak, maar verskillende soorte verf kan verskillende metodes vereis om dit te weeg te bring. Lees dus al die instruksies wat saam met die verf kom baie noukeurig deur en volg hulle presies soos aangedui.

Die verf wat in hierdie boek gebruik is, en die meeste ander soorte, word met hitte gefikseer. Onderstaande aanwysings kan normaalweg as riglyn gebruik word. Hitte van 'n oond, tuimeldroër of strykyster kan gebruik word. Indien jy egter baie groot hoeveelhede materiaal kleurvas wil maak, kan sommige droogskoonmakers dit met groot rolstrykysters vir jou doen.

STRYKYSTERMETODE

Kleure kan ook met 'n gewone strykyster gefikseer word, maar dan moet jy baie seker maak dat die hele area behandel word en dat die yster lank genoeg op een plek gehou word. Hierdie metode kan gebruik word om voltooide artikels kleurvas te maak. Die ideaal is egter dat die materiaal behandel word voordat dit verwerk word.

1. Stryk die lap herhaaldelik aan die agterkant met die temperatuurstelling op warm of katoen. Elke geverfde area moet vir minstens drie minute gestryk word.

> GEBRUIK DIE TUIMELDROËRMETODE VIR ARTIKELS GROTER AS 3,5 M.

TUIMELDROËRMETODE

Slegs onverwerkte lap kan op hierdie manier behandel word aangesien watteersel en selfs garing van die hitte kan smelt.

1. Maak seker dat die geverfde lap heeltemal droog is voor jy dit in die tuimeldroër plaas. Indien dit nie die geval is nie, kan die verf smeer en die hele artikel geruïneer word.

2. Plaas die lap vir 30–60 minute teen die maksimum temperatuur in die tuimeldroër.

OONDMETODE

Slegs onverwerkte geverfde lap kan op hierdie manier behandel word aangesien watteersel en selfs garing van die hitte kan smelt. 'n Verdere nadeel van hierdie metode is dat slegs klein hoeveelhede lap op 'n keer behandel kan word.

1. Verhit die oond vooraf tot 140 °C (300 °F).

2. Plaas 'n baie dik laag koerantpapier of 'n bakplaat met die opgevoude lap bo-op op die oondrak, en sit die rak in die middel van die oond. Maak baie seker dat die lap nie oor die koerant verbysteek nie aangesien dele wat oorhang, sal skroei en 'n bruin kleur kry wat nooit weer uitkom nie. Sorg ook dat die koerant nie aan die kante van die oond raak nie aangesien dit aan die brand kan slaan.

3. Laat die lap 7 minute in die oond bly. Indien die oondliggie in hierdie tyd aangaan, moet die temperatuur dadelik laer gestel word om te verhoed dat die elemente aanskakel.

Basiese ontwerpe

Soos met alle ander vaardighede wat 'n mens aanleer, moet 'n mens met die basiese en maklike begin. Wees versigtig om aan die begin nie te groot te dink, 'n mislukking van die projek te maak en dan net te besluit jy kan dit nie doen nie. Dit is nie nodig om 'n minderwaardige artikel te maak nie, maar probeer om die ontwerp eenvoudig te hou en om nie te veel kleure te gebruik nie. Moet ook nie oorambisieus wees en 'n groot tafeldoek vir 'n eerste poging aanpak nie.

aarbeie

Individuele aarbeie of 'n rangskikking van aarbeie kan vir tafelmatjies, vatlappe, teemusse, gordyne, blindings en so meer gebruik word.

VERF
GEEL: primulageel
MAGENTA: magenta
ROOI: helder rooi
BLOU: vlootblou, koningsblou
GROEN: helder groen, smaraggroen

MENGSELS

Let op hoe die kleure een vir een aangebring word, van lig na donker.

SKILDER OP LAP

1 Trek die ontwerp met 'n swart pen op die materiaal af (kyk bladsy 113).

2 Die aarbeie in die voorbeeld is halfryp – daarom die wit en geel gedeeltes bo-aan elke aarbei. Laat 'n wit ligkol van die materiaal op elke aarbei oop. Dit lyk baie natuurliker en is meer geslaagd as om na die tyd 'n kol met wit opake verf in te skilder. Onthou al die kleure is deurskynend, dus kan kleure slegs donkerder en nie ligter gemaak word nie.

3 Verf eerste met die geel. Verf 'n area wat bietjie groter is as wat dit aan die einde moet wees sodat die ander kleure daarin kan versmelt.

4 Verf nou met die rooi. Plaas die kwas met die rooi verf onder die geel en verf na bo in die geel in. Die rooi sal in die geel doodloop en 'n baie natuurlike, sagte effek gee.

5 Verf die donkerder gedeeltes met suiwer magenta en laastens die heel donkerste gedeeltes met 'n mengsel van magenta en vlootblou.

6 Wanneer al die verf droog is, word die klein kolletjies met die omlyner of materiaalmerkpen geteken. Wanneer die kolletjies droog is, kan elkeen met 'n mengsel van opake wit en geel afgerond word.

Hierdie aarbei-ontwerp kan net so vir vatlappe of servette gebruik word, of vergroot word vir tafeldoeke of blindings.

7 Verf die agtergrond met koningsblou wanneer die ontwerp heeltemal droog is. Gebruik 'n spons om die verf egalig te kry, soos verduidelik op bladsy 24.

8 Verf die blare in allerhande skakerings van groen (kyk bladsye 46–47).

BASIESE ONTWERPE

appels

Met hul eenvoudige lyne en kleurvermengings is appels 'n goeie keuse vir beginners.

VERF
GEEL: primulageel
ROOI: helder rooi
MAGENTA: magenta
BLOU: vlootblou, koningsblou
GROEN: helder groen, smaraggroen
BASIS: deurskynende basis
BRUIN: donker bruin

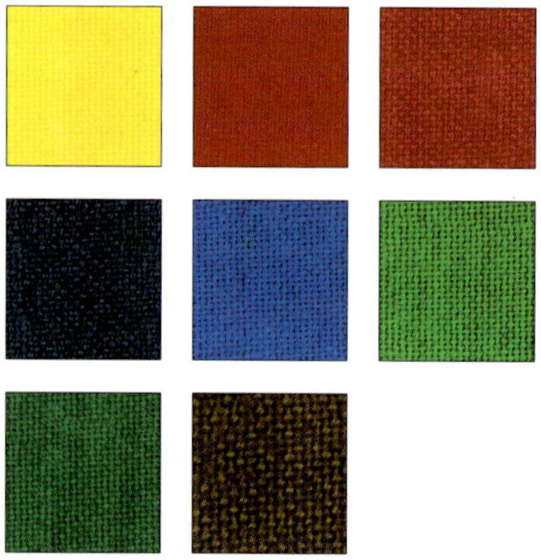

MENGSELS

Gekromde kwashale word gebruik om die appels rond te laat vertoon.

SKILDER OP LAP

1. Trek die ontwerp met 'n swart pen op die materiaal af (kyk bladsy 114).

2. Onthou om 'n wit ligkol op die materiaal op elke appel oop te laat. Dit lyk baie natuurliker en is meer geslaagd as om na die tyd 'n kol met opake wit in te verf.

3. Onthou al die kleure is deurskynend, dus kan kleure slegs donkerder en nie ligter gemaak word nie.

4. Verf eerste met die geel. Verf die geel 'n bietjie groter as wat dit aan die einde moet wees.

5. Verf tweedens met die rooi. Verf met die rooi van onder in die geel in. Die strepe wat die kwas maak, help om elke spesifieke soort appel se streperigheid na te boots. Maak ook die hale van die kwas in die regte rigting sodat dit die vorm van die appel aksentueer.

6. Gebruik magenta vir die donkerder gedeeltes.

7. Wend laastens die mengsel van magenta en vlootblou aan. Met hierdie kleur beklemtoon ons die appel se ronding en toon ons aan dat die appel staan en nie rondsweef nie.

8. Verf die blare deur met ligte groen aan die buitekant van die blare te begin en te eindig met die donkerste groen teen die are en waar die blare agter die appels verskuil is. Die are van die meeste blare is gewoonlik 'n baie ligte groen. Volledige aanwysings verskyn op bladsye 46–47.

Hierdie ontwerp sal jou kombuis ophelder! Gebruik dit vir vatlappe, afdroogdoeke, tafelmatjies, skinkbordlappe en teemusse.

9. Teken en verf die steeltjies in donker bruin en oker, wat verkry word deur magenta en geel te meng.

10. Gebruik koningsblou vir die agtergrond. Gebruik 'n spons om die agtergrond egalig te kry.

BASIESE ONTWERPE

sonneblomme

Sonneblomme lyk altyd vrolik en 'n paar kussings, 'n tafeldoek of gordyne met sonneblomme kan 'n vaal vertrek pragtig ophelder.

VERF
MAGENTA: magenta
GEEL: primulageel, goudgeel
BRUIN: donker bruin
ROOI: helder rooi
BLOU: vlootblou

MENGSELS

Hierdie voorbeeld van 'n sonneblom wys hoe die blomblare in stappe geverf word.

SKILDER OP LAP

1 Trek die ontwerp met 'n swart pen op die materiaal af (kyk bladsy 115).

2 Wanneer die blomme geverf word, word die donker skadu-gedeeltes van die blomblare hier, anders as gewoonlik, eerste geverf. Dit lewer beter resultate as wanneer met die ligste kleure begin word. Sorg egter dat daar genoeg skadukleure in die agterste blare is aangesien dit verhoed dat die blom plat en oninteressant lyk. Gebruik slegs drie kleure geel verf en die wit van die materiaal vir die blomblare. Die donkerste geel word verkry deur magenta en die twee kleure geel verf te meng. Die ander twee geel kleure is die twee verskillende geel verwe.

3 Vir die hart van die blom gebruik ons drie kleure: donker bruin, rooibruin en oker. Gebruik bruin en voeg geel en rooi by om verskillende skakerings te kry. Donker bruin word verkry deur geel, magenta en vlootblou te meng, en rooibruin kan verkry word deur meer magenta by te voeg. Meng magenta en geel om oker te kry.

Sonneblomme lyk altyd baie vrolik en mooi op 'n helder blou of koningsblou agtergrond. Die ontwerp van die sonneblom agter in die boek (kyk bladsy 115) is baie vergroot en drie maal gebruik vir hierdie muurpaneel.

suurlemoene

Suurlemoene is van die mooiste en nuttigste ontwerpe in dié boek. Almal hou van hierdie ontwerpe omdat dit altyd vars en fris lyk en die kleure ook in enige huis pas. Verf suurlemoene op tafeldoeke, gordyne, vatlappe en voorskote, en jy is verseker van 'n wenner.

VERF
GEEL: primulageel
BASIS: deurskynende basis
GROEN: helder groen
WIT: opake wit

MENGSELS

Stappe wat aandui hoe die kleure een vir een aangebring word wanneer suurlemoene geverf word. Let op na die gebruik van groen om die suurlemoene ovaal te laat vertoon.

SKILDER OP LAP

1 Trek die ontwerp met 'n swart pen op die materiaal af (kyk bladsy 116).

2 Laat 'n wit ligkol op elke suurlemoen oop.

3 Onthou al die kleure is deurskynend, dus kan kleure slegs donkerder en nie ligter gemaak word nie.

4 Meng 'n klein bietjie geel verf met baie basis en verf daarmee om die ligkol.

5 Verf donkerder geel om die ligte geel terwyl die ligte geel nog nat is sodat die kleure mooi inmekaar vloei.

6 Meng die geel verf met 'n bietjie helder groen en verf dit romdom die donker geel op die suurlemoen.

Die ontwerp vir hierdie pragtige tafeldoek verskyn agter in die boek op bladsy 116.

7 Gebruik geelgroen om skaduwees in te verf en ook om diepte te gee sodat die suurlemoen ovaal vertoon.

8 Wanneer jy 'n oopgesnyde suurlemoen wil verf, moet jy 'n regte suurlemoen deursny en bestudeer. Kyk baie goed na die verskillende segmente wat deur die skyfies van die suurlemoen gevorm word voordat jy hulle verf. Gebruik subtiele groen skakerings in die skyfies om lig- en skadu-effekte te verkry. 'n Titseltjie oranje kan die skyfies ook baie lewendig laat lyk.

9 Verf die wit gedeelte van die skil en die vliese tussen die skyfies met opake wit.

'N SUURLEMOEN IS OVAALVORMIG, DUS MOET DIE KWASHALE IN 'N OVALE KROMMING LOOP WANNEER DIE VERF AANGEWEND WORD.

lemoene

Wanneer 'n kombinasie van vrugte geverf word, is lemoene onontbeerlik en voltooi hulle gewoonlik die prentjie. Daar is nie 'n ontwerp van 'n lemoen agter in die boek nie omdat die suurlemoenontwerp net effens aangepas en ander kleure gebruik kan word.

VERF
GEEL: goudgeel, primulageel
BASIS: deurskynende basis
MAGENTA: magenta
WIT: opake wit

MENGSELS

Die ronding van die kwashale en die ligkolle laat die lemoene rond vertoon.

1. Trek die ontwerp met 'n swart pen op die materiaal af.

2. Besluit waar die lig in hierdie geval op die lemoen gaan skyn sodat die wit van die materiaal daar oopgelaat kan word.

3. Meng 'n bietjie goudgeel met basis om 'n baie ligte geel te kry en verf dit om die ligkolle. Verf sommer 'n groot area met hierdie geel aangesien 'n mens dit altyd donkerder kan maak.

4. Verf onverdunde goudgeel om die ligte geel terwyl die ligte geel nog nat is, sodat die kleure maklik inmekaar vloei.

5. Meng goudgeel met 'n bietjie magenta en verf dit om die goudgeel op die lemoen.

6. Gebruik die donker, rooierige oranje om skaduwees in te verf en ook om diepte te gee sodat die lemoen rond vertoon.

Verhelder die ontbyttafel met hierdie mooi lemoentafelmatjie.

7. Wanneer jy 'n oopgesnyde lemoen wil verf, moet jy 'n regte lemoen deursny en bestudeer. Kyk baie goed na die verskillende segmente wat deur die skyfies van die lemoen gevorm word voordat hulle ingeverf word. Gebruik 'n mengsel van goudgeel, primulageel en magenta in die skyfies om lig- en skadu-effekte te verkry.

8. Verf die wit gedeelte van die skil en die vliese tussen die skyfies met opake wit.

pere

Pere word net soos lemoene gewoonlik saam met ander vrugte gebruik, maar alleen lyk hulle ook baie mooi.

VERF
GEEL: goudgeel
BASIS: deurskynende basis
GROEN: helder groen
MAGENTA: magenta
BRUIN: bruin

MENGSELS

Begin met die ligste kleure sodat donkerder skakerings subtiel ingeskakeer kan word.

SKILDER OP LAP

1 Trek die ontwerp met 'n swart pen op die materiaal af (kyk bladsy 117).

2 Besluit waar die lig in hierdie geval op die peer gaan skyn sodat wit van die materiaal daar oopgelaat kan word.

3 Meng 'n bietjie goudgeel met basis om 'n baie ligte geel te kry en verf om die ligkolle. Verf sommer 'n groot area met hierdie geel aangesien 'n mens dit altyd donkerder kan maak.

4 Verf om die ligte geel gedeeltes met goudgeel.

5 Meng 'n bietjie helder groen met goudgeel om 'n lemmetjiegroen te kry, en verf die oop gedeeltes van die peer, veral buiteom, daarmee.

6 Verf met helder groen reg rondom op die buiterande.

7 Omdat die lig van die regterkant af op die peer val, kan ons die linkerkant 'n bietjie donkerder as die regterkant verf deur helder groen of geel met magenta te meng.

8 Verf die stingels met bruin vir die donkerder dele en oker ('n mengsel van geel en magenta) vir die ligter dele.

Die donkerder skakerings wat vir die peer in die agtergrond gebruik is, gee diepte aan die ontwerp en beklemtoon die driedimensionele effek.

INDIEN JY BRUINER PERE WIL VERF, MOET 'N KLEIN BIETJIE MAGENTA BY DIE SKAKERINGS VAN GEEL EN DIE MENGSEL VAN GEEL EN GROEN GEVOEG WORD.

BASIESE ONTWERPE

druiwe

Daar is verskeie variëteite druiwe – elkeen met sy unieke korrelkleur, -vorm en -grootte. In hierdie boek word net variasies van 'blou' druiwe gebruik, aangesien die kleure so mooi kontrasteer met en inpas by die ander vrugte.

VERF
BLOU: vlootblou
MAGENTA: magenta
BASIS: deurskynende basis
GROEN: helder groen, smaraggroen
GEEL: primulageel

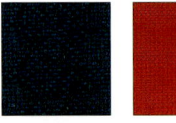

MENGSELS

Let op hoe die kleure een vir een aangebring word wanneer druiwekorrels geverf word.

SKILDER OP LAP

1 Trek die ontwerp met 'n swart pen op die materiaal af (kyk bladsy 118).

2 Meng verskillende skakerings blou en pers deur vlootblou, magenta en basis in verskillende verhoudings met mekaar te meng.

3 Besluit van waar die lig op die druiwe moet val. In hierdie voorbeeld val die lig voor van die regterkant af. Die korrels aan die linkerkant sal dus geen ligkolle hê nie – slegs ligter gedeeltes. Besluit watter korrels aan die regterkant lig moet weerkaats en dus 'n wit ligkol moet hê.

4 Verf met 'n baie ligte kleur ronde kolle om die ligkolle. Wanneer ronde voorwerpe geverf word, moet die kwashale ook rond en sonder enige skerp hoeke of reguit lyne wees.

5 Maak seker dat die kleur van die korrels aan die linkerkant en agtertoe op die tros elke keer donkerder is as dié van die korrels regs en bo hulle.

6 Verf nou die blare. Raadpleeg bladsye 46–47 vir volledige aanwysings.

'n Voltooide druiwetros met blare.

BASIESE ONTWERPE

druiweblare

Ons kan nie blomme of vrugte sonder blare verf nie. Ons het druiweblare as voorbeeld gekies omdat hulle sulke interessante vorms en kleure het. Enige ander blare word op dieselfde manier geskilder – pas net die vorm en kleur aan. Bestudeer egter eers 'n paar regte blare voordat jy begin teken en verf. Vergelyk die verskil in vorm, kleur en tekstuur van jong en ou blare met mekaar, asook die verskil in kleurskakerings op een spesifieke blaar. Kyk ook na die jong, groen rankies en ouer, droë ranke en stingels.

VERF
GROEN: helder groen, smaraggroen
GEEL: primulageel
BASIS: deurskynende basis
BLOU: vlootblou
BRUIN: donker bruin

MENGSELS

Stappe wat aandui hoe die kleure een vir een aangebring word wanneer blare geverf word.

SKILDER OP LAP

Hierdie voorbeeld verduidelik hoe om 'n enkele blaar te verf en hoe om die tegniek uit te brei om 'n tafeldoek bedek met blare, te skilder.

1. Trek die voorste groot blare in enige ontwerp met 'n swart pen op die materiaal af. Die heel agterste blare word nie omlyn nie, maar met 'n kwas ingeverf om 'n illusie te skep dat hulle ver in die agtergrond is.

2. Meng minstens vyf kleure groen voordat jy begin verf.

3. Helder groen word gebruik om die ligte groene te meng. Gebruik geel en basis saam met die helder groen om die ligste lemmetjiegroen te verkry, en meng daarna slegs basis by groen om die ander ligte groen skakerings te verkry.

4. Die donkerder kleure is smaraggroen en 'n mengsel van smaraggroen en vlootblou.

5. Verf die agterste blare met 'n kwas in en gebruik 'n baie ligte groen wat amper na geel neig, hiervoor.

Blare alleen is so mooi dat 'n mens 'n hele artikel net met blare kan verf. In die voorbeeld het ek probeer om met verskillende kleure en skakerings van groen, en met groot en klein blare, die illusie van diepte te skep.

6. Op die voorste blare word die ligste kleure eerste geverf. Laat ook baie wit van die materiaal op die rande van die blare oop – dit help om die voorste blare uit te lig. Gebruik geleidelik donkerder kleure na die binnekant van die blare en ook op die blare van voor na agter.

7. Die sagte, dun rankies word ook in skakerings van groen geverf en die dikker, harde ranke in skakerings van bruin.

8. Vir 'n rand soos in die voorbeeld, of vir 'n agtergrond, lyk 'n medium skakering van groen altyd baie mooi.

BASIESE ONTWERPE

strepe & ruite

Strepe, ruite en blokke kan alleen of in kombinasie met ander ontwerpe gebruik word. Goeie kleurkombinasies is teenoorstaande kleure op die kleurwiel soos groen en oranje.

Maak jou eie ruitpatroon en gebruik dit op sy eie of in kombinasie met ander ontwerpe.

1. Die keuse van materiaal speel 'n baie belangrike rol wanneer strepe of blokke geverf word. Op party materiale kry ons pragtige skoon lyne, maar op ander 'bloei' die verf en sal ons nooit skoon, skerp lyne kan kry nie. Jy moet dus die materiaal kies volgens die effek wat jy wil verkry.

2. Werk die uitleg van die strepe, dit wil sê die breedte en kleure, eers op papier uit.

3. Gebruik maskeerband as gids en om mooi, netjiese lyne te kry wanneer jy verf. Beplan die strepe volgens die beskikbare breedtes van die maskeerband.

4. Plak eerste die vier buitelyne van 'n blok, en daarna al die lyne in een rigting.

5. Om die lyne ewewydig te kry, word drie stukke maskeerband langs mekaar geplak. Daarna word die middelste strook maskeerband opgelig en weer as vierde strook langs die derde strook gebruik. Plak nog 'n strook reg langs dit vas en lig weer die gebruikte strook op. Herhaal die proses tot jy die seksie voltooi het.

6. Maak seker dat die maskeerband baie goed vasgeplak is, anders loop die verf onder die band in en kry mens nie skoon, reguit lyne nie.

7. Meng vooraf genoeg verf om die hele projek te voltooi aangesien dit hier noodsaaklik is dat die kleure regdeur dieselfde bly.

Gebruik ruite soos hierdie vir die agterkant van tafelmatjies.

8. Verf al die horisontale lyne met 'n kwas of skraper klaar. Laat dit baie goed droog word voordat jy begin om die vertikale stroke maskeerband op te plak om blokke te verf.

9. Aangesien die kleure deurskynend is, moet strepe by die rand van die ontwerp (in die voorbeeld 'n appel) ophou, anders skyn dit deur.

BASIESE ONTWERPE

kombinasies

MUURPANEEL MET SUURLEMOEN EN SONNEBLOM

VERF
MAGENTA: magenta
GEEL: primulageel, goudgeel
BRUIN: donker bruin
ROOI: helder rooi
BLOU: vlootblou, koningsblou
BASIS: deurskynende basis
GROEN: helder groen, smaraggroen
WIT: opake wit

1. Vir dié voorbeeld is die ontwerpe (bladsye 116 en 115) ongeveer 10 keer vergroot en die grootte van die voltooide muurpaneel is 60 x 60 cm.

2. Trek die ontwerp met 'n swart pen op die materiaal af.

3. Verf die suurlemoen (kyk bladsy 39) en die sonneblom (kyk bladsy 37).

4. Onthou opake wit word slegs gebruik vir die wit van die suurlemoenskil.

5. Verf die agtergrond koningsblou.

TAFELDOEK MET SUURLEMOENE IN SKAKERINGS VAN BLOU

Enige van die basiese ontwerpe kan in skakerings van 'n ander kleur geverf word. In hierdie geval het ons blou suurlemoene gekies as voorbeeld.

VERF
BLOU: vlootblou
BASIS: deurskynende basis

1. Trek die ontwerp (kyk bladsy 116) met 'n swart pen op die materiaal af.

2. Meng vier skakerings blou verf wat ewe veel van mekaar in intensiteit verskil. Om dit te doen moet jy jou voorstel dat een end van die kleurspektrum wit is en die ander end donkerblou, met drie ander kleure blou tussenin.

3. Begin met die ligste kleur verf en voeg die verskillende skakerings blou by soos om 'n suurlemoen te verf (kyk bladsy 39). Dit voel aanvanklik vreemd om 'n blou suurlemoen te verf, maar sodra jy die eerste paar hale geverf het en begin konsentreer op die ligte en donker areas om 'n driedimensionele effek te kry, vergeet jy gou van die kleur.

Iets heeltemal anders vir 'n blou-en-wit huis. Kyk hoe mooi sal hierdie sonneblom en suurlemoen in 'n kombuis lyk.

kombinasies

GROOT TAFELDOEK MET VRUGTE

Jy kan nou ook so 'n meesterstuk skilder! Die ontwerp vir hierdie tafeldoek is saamgestel uit vrugte wat voorheen in die hoofstuk behandel is.

VERF
VRUGTE: gebruik die kleure soos aangedui by elke vrug

1. Vir die voorbeeld is die ontwerpe ongeveer 10 keer vergroot. Die mate van die tafeldoek is 150 x 250 cm.

2. Trek die ontwerpe, nadat hulle vergroot is, met 'n swart pen op die materiaal af.

3. Omdat die areas wat geverf moet word so groot is, moet genoeg verf van elke kleur gemeng word vir die hele tafeldoek. Hierdie projek sal nie in 'n dag afgehandel kan word nie. Probeer egter om byvoorbeeld alles wat geel geverf moet word in een dag klaar te verf. Maak ook baie seker dat jy nie die verf smeer wanneer jy werk nie.

4. Verf die verskillende vrugte elkeen soos op bladsye 32–47 verduidelik is.

5. Begin in die middel van die tafeldoek verf en werk geleidelik uit na buite.

6. Verf heel laaste die buitenste rand met behulp van 'n ou X-straalplaat en 'n skraper (kyk bladsy 28).

TEEMUS MET VRUGTE

Die ontwerp op hierdie teemus is saamgestel uit al die verskillende vrugte wat reeds afsonderlik behandel is. So 'n ontwerp kan vergroot word en op 'n tafeldoek of selfs op gordyne vir 'n kombuis gebruik word. Hier is die ontwerp gekwilt en dit gee dadelik diepte aan die vrugte.

VERF
VRUGTE: gebruik die kleure soos aangedui by elke vrug
BLOU: koningsblou
BASIS: deurskynende basis

1. Trek die buitelyne van die ontwerp met 'n swart pen op die materiaal af (kyk bladsye 112–118).

2. Verf elkeen van die vrugte soos op bladsye 32–47 verduidelik is.

3. Die kleur van die agtergrond word verkry deur koningsblou en 'n bietjie basis te meng.

Met jou kennis van verf kan jy nou ook so 'n meesterstuk skilder. 'n Pragtige voorbeeld van 'n saamgestelde ontwerp van vrugte. Hierdie soort ontwerp maak ook 'n pragtige randstrook.

Gevorderde ontwerpe

In hierdie hoofstuk word ontwerpe wat miskien 'n bietjie moeiliker as dié in die vorige hoofstuk is, bespreek. Indien jy egter die vorige hoofstuk deurgewerk het, behoort jy geen probleme te ondervind nie. Op hierdie stadium het jy waarskynlik al 'n paar ekstra kleure verf aangeskaf en begin om jou eie styl aan te kweek. Die voorbeelde word nie so uitvoerig bespreek as in die vorige hoofstuk nie. Sommige van die ontwerpe is nie ingesluit in die boek nie, maar kan maklik self geteken word.

pampoen

Die ryk geel skakerings maak hierdie pampoen onweerstaanbaar.

VERF
GEEL: goudgeel, primulageel
MAGENTA: magenta
BRUIN: donkerbruin
ROOI: helder rooi

1. Trek die buitelyne van die ontwerp met 'n swart pen op die materiaal af.

2. Die hele ontwerp word met deurskynende verf geskilder en die wit op die skil en pitte is die natuurlike wit van die materiaal.

3. Vir die vleis van die pampoen word goudgeel gebruik, terwyl magenta by die geel gemeng word vir die skaduwees.

4. Vir die agtergrond word bruin, primulageel en 'n bietjie rooi gemeng.

beet

Lieflike ryk kleure word gebruik om hierdie beet te skilder.

VERF
GEEL: primulageel
MAGENTA: magenta
BLOU: vlootblou, koningsblou
GROEN: helder groen, smaraggroen
PERS: violet

1. Hierdie ontwerp (kyk bladsy 119) is ongeveer 10 keer vergroot en die grootte van die voltooide muurpaneel is 60 x 60 cm.

2. Trek die buitelyne van die ontwerp met 'n swart pen op die materiaal af.

3. Gebruik 'n mengsel van geel en magenta rondom die ligkol en vir die res van die beet skakerings van magenta en vlootblou.

4. Vir die blare word vyf skakerings groen gemeng. Let egter op dat vir die are van beetblare ook skakerings van dieselfde kleure as vir die beet self gebruik word.

5. Vir die agtergrond word koningsblou en violet gemeng.

SKILDER OP LAP

ertjiepeul

Hierdie ontwerp kan alleen of in kombinasie met ander groentes geverf word.

VERF
BLOU: vlootblou
GEEL: primulageel
GROEN: helder groen, smaraggroen
BASIS: deurskynende basis

1. Vir die voorbeeld (kyk bladsy 111) is die ontwerp (kyk bladsy 112) ongeveer 10 keer vergroot en die grootte van die voltooide muurpaneel is 60 x 60 cm.

2. Trek die buitelyne van die ontwerp met 'n swart pen op die materiaal af.

3. Meng vyf verskillende skakerings groen en gebruik baie deurskynende basis om die kleure ligter te maak. Onthou om hier van die ligste area na die donkerste area te verf. Verf skaduwees in om diepte te verkry.

4. Gebruik smaraggroen vir die agtergrond.

sampioen

Sampioene is mooi om te verf, veral as jy van aardse kleure hou.

VERF
BRUIN: goudbruin
GEEL: primulageel
BASIS: deurskynende basis
GROEN: smaraggroen

1. Vir die voorbeeld is die ontwerp (kyk bladsy 112) sowat 10 keer vergroot en die grootte van die voltooide muurpaneel is 60 x 60 cm.

2. Trek die buitelyne van die ontwerp met 'n swart pen op die materiaal af.

3. Gebruik mengsels van bruin en geel met baie deurskynende basis om die verskillende ligbruin kleure te verkry.

4. Gebruik smaraggroen vir die agtergrond.

GEVORDERDE ONTWERPE

tamaties

Aangesien daar soveel verskillende soorte, en na gelang van rypheid, soveel verskillende kleure tamaties is, kan dit 'n baie interessante tema wees.

VERF
BASIS: deurskynende basis
GEEL: primulageel
ROOI: helder rooi
MAGENTA: magenta
BLOU: vlootblou
GROEN: helder groen

1. Trek die buitelyne van die ontwerp met 'n swart pen op die materiaal af (kyk bladsy 119).

2. Besluit waar daar ligkolle op die tamaties moet wees en laat dit oop op die materiaal. In die voorbeeld langsaan, is die ligkolle so geplaas dat, na gelang van watter kant jy die tamaties beskou, die lig elke keer van bo op elke tamatie val. Dit lyk dus van enige kant af min of meer dieselfde. Die voorste tamatie is die ligste, die een net agter hom 'n bietjie donkerder en die heel agterste tamatie die donkerste.

3. Meng die kleure deur eers baie deurskynende basis en geel by die rooi te voeg en dit dan geleidelik donkerder te maak. Die rooi en magenta verf kan ook gemeng word as 'n tussenkleur. Vir die skaduwees op die tamatie word magenta en vlootblou gemeng.

Met die natuurlike wit van die materiaal kry jy 'n natuurliker, meer subtiele ligpunt as met opake wit verf.

4. Begin om met die ligste kleure te verf en werk geleidelik na die donkerder kleure.

5. Verf die blare deur groen met geel te meng vir die ligte dele en daarna vlootblou by te voeg vir die middelste donker dele.

SKILDER OP LAP

laventel

Dit is weer hoogmode om laventel in die tuin te hê en saam met wit rose in 'n tuin, lyk dit nog mooier. Gebruik jou oorskietlappies, verf takkies laventel daarop en gebruik dit vir laventelsakkies en oortreksels vir hangers.

VERF
GROEN: helder groen
BLOU: vlootblou
SWART: swart
MAGENTA: magenta
BASIS: deurskynende basis

1. Trek die buitelyne van die ontwerp met 'n swart pen op die materiaal af.

2. Meng vier verskillende skakerings groen vir die stingels en blare. Indien jy die blare meer grysgroen wil maak, kan 'n bietjie vlootblou of swart bygevoeg word.

3. Meng vir die blomme drie verskillende kleure pers deur magenta en vlootblou te meng en basis by te voeg om die verskillende skakerings te kry.

'n Lavanteltakkie op 'n oorskietlappie kan gebruik word om 'n laventelsakkie te maak.

GEVORDERDE ONTWERPE

krismisrose

Die kleure van die krismisroosblomme wissel van amper heeltemal wit tot al die verskillende kleure pienk, blou en pers. In die eerste voorbeeld word 'n jong knop geskilder. Die blomme is baie lig en die wit van die materiaal word gebruik om die wit blomme voor te stel. Slegs 'n klein bietjie geel, groen en blou word gebruik om diepte aan te dui.

VERF
BLOU: vlootblou
MAGENTA: magenta
BASIS: deurskynende basis
GEEL: primulageel
GROEN: helder groen, smaraggroen

Krismisrose is spesiaal vir mense wat van blou en pers hou.

SKILDER OP LAP

1. Trek die buitelyne van die ontwerp met 'n swart pen op die materiaal af (kyk blasy 120).

2. Die blomme se kleure word verkry deur vlootblou en magenta met basis en met mekaar te meng. Om die appelkooskleurige perspienk te kry, word geel met magenta gemeng.

3. Meng helder groen met geel en basis vir die blare en smaraggroen en bietjie vlootblou vir die donkerste groen.

4. Gebruik geel in die middel van elke jong blommetjie. Gebruik bietjies geelgroen en heldergroen en baie ligte blou om skaduwees aan te dui waar die blommetjies bo-oor mekaar lê en ook aan die kante om die effek van 'n ronde bos te verkry.

5. Wanneer 'n ouer blom geskilder word, word die middel van elke individuele blommetjie ook geel geverf.

6. Die middelste, boonste blomme moet die ligste wees en hulle word dan ook eerste geverf.

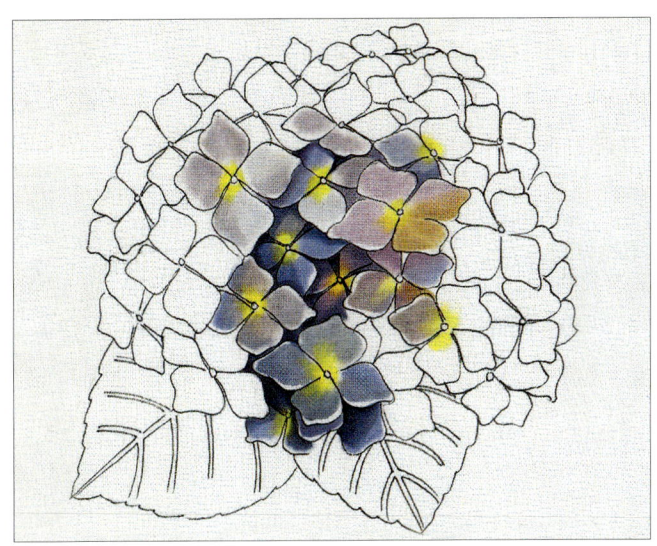

Let op na die verskil in kleur tussen die verskillende blommetjies.

7. Die kleur van die blommetjies word geleidelik donkerder na agter.

8. Laat stukkies wit oop op die randjies van die blomblare om elke blommetjie uit te lig en diepte aan die blom te gee.

9. Wanneer 'n hele bos blomme met blare geverf word, val die lig hoofsaaklik op die voorste blomme en blare en moet die voorste blomme en blare die ligste geverf word.

10. Nie al die blare is op die diagram aangebring nie en meer blare moet rondom die ontwerp ingeskilder word. Die illusie moet geskep word dat hulle verder weg is.

11. Bestudeer indien moontlik die vorm en tekstuur van 'n werklike blaar van 'n krismisroos voordat jy begin verf. Op die voorste blare moet die are sigbaar wees, maar verder na agter word die blare al eenvoudiger in vorm en tekstuur.

Wanneer die blomme uitkom, is hulle baie lig, fyn en klein en word amper geen verf gebruik nie.

GEVORDERDE ONTWERPE

gesiggies

Gesiggies is van die mooiste en vrolikste blomme om te skilder. Ons voorbeeld is blou en pers, maar jy kan geel, wit of selfs pienkpers blomme skilder. Wanneer jy gesiggies wil skilder, kan jy gerus na 'n regte blommetjie gaan kyk of 'n tekening bestudeer.

VERF
GEEL: primulageel
BLOU: vlootblou
PERS: pers
BASIS: deurskynende basis
WIT: opake wit
GROEN: helder groen, smaraggroen
GOUD: metaalgoud
RAND: vlootblou

1. Trek die buitelyne van die ontwerp met 'n blou pen op die materiaal af (kyk bladsy 121).

2. Verf eers al die mondjies van die blomme in skakerings van geel en 'n mengsel van geel en pers.

3. Gebruik vir die hartjies van die blomme 'n mengsel van blou en pers. Laat goed droog word voordat jy die ander kleure verf.

4. Verf al die verskillende kleure blou as die donker verf droog is. Die verskillende skakerings word verkry deur vlootblou elke keer met basis ligter te maak. Dink aan materiaal met voue wanneer jy verf. Aan die bokant is die voue gewoonlik lig, en waar die voue onder mekaar invou, is dit donker.

5. Skilder nou die wit gedeeltes van die blomblare rondom die donker gedeeltes met wit opake verf. As jy voel daar is te veel blou, kan dit nou toegeverf word. Dit lyk ook mooi as 'n bietjie geel by die wit gemeng word.

6. Meng vyf verskillende kleure groen vir die blare. Gebruik:
   - helder groen, geel en basis vir die ligste groen
   - helder groen en basis vir die ligte groen
   - helder groen alleen
   - helder groen en smaraggroen vir 'n donkerder groen
   - smaraggroen en vlootblou vir die donkerste groen.

7. Gesiggieblare vou weg na agter met die gevolg dat die lig nie soos by ander blare op die rande van die blare val nie, maar op die rondings. Ons probeer dus om hier die rondings van die blare vas te vang. Bestudeer die blare baie goed en besluit watter blare voor en watter agter lê. Die agterste blare is baie donker en die voorstes ligter. Party blare is ook jonger as ander en dus ligter van kleur. Begin weer eens om die ligste dele van die blare eerste te verf. Onthou om die hale van die kwas in die rigting van die grein van die blare maak.

SKILDER OP LAP

8 Gebruik goue omlyner op die rande van die blomblare om die blomme uit te lig.

9 As jy 'n tafeldoek maak, kan jy dit met 'n dubbele blou rand afrond om die ontwerp te versterk. Gebruik 'n mengsel van vlootblou en basis vir die ligte rand en verf daarna die donker rand in vlootblou. Dit is belangrik om doodseker te maak dat die ligte blou rand heeltemal droog is voordat die donker blou rand geskraap word (kyk bladsy 28).

Goue omlyner kan gebruik word om die gesiggies uit te lig. Dit gee die ontwerp ook 'n professionele afronding.

GEVORDERDE ONTWERPE

poinsettias & huls

Poinsettias en huls word met Kersfees en deesdae ook met Paasfees geassosieer. Maak vir jou 'n pragtige tafeldoek en servette met 'n groen agtergrond spesiaal vir Kersfees en een met 'n wit agtergrond vir Paasfees. 'n Tikkie goud vir afronding maak dit 'n treffer.

VERF
BLOU: vlootblou
MAGENTA: magenta
GEEL: primulageel
ROOI: helder rooi
GROEN: helder groen, smaraggroen
BASIS: deurskynende basis

Die agtergrond in hierdie voorbeeld is met helder groen geskraap en 'n donker groen rand rond die hele tafeldoek mooi af.

1. Trek die buitelyne van die ontwerp met 'n swart pen op die materiaal af (kyk bladsy 119).

2. Laat die groot middelste aar van die blomblare eers oop en wit. Meng vlootblou en magenta en gebruik dit om die ander are asook die skaduwees waar die blare oormekaar lê, te verf.

3. Begin om die blomblare van bo na onder te verf. Om meer diepte te kry is die boonste blomblare die ligste en bevat hulle die meeste geel. Hoe verder die blare na onder lê, hoe meer rooi en later magenta moet bygevoeg word. Later moet nog meer magenta en vlootblou bygevoeg word.

4. Rond elke keer 'n blaar met rooigeel of pienk af, maar onthou om 'n wit ligpunt op elkeen te laat.

5. Verf nou die groot hoofare van die blomblare met ligte oranje.

6. Gebruik dieselfde metode om die blare te verf, maar gebruik hier 'n mengsel van smaraggroen en vlootblou om die are op die blare te verf. Verf die res van die blare met ligter skakerings van groen en laat wit gedeeltes oop op die rande van die blare.

7. Huls word op dieselfde manier en in dieselfde kleure as poinsettias geverf – daar is net bessies in plaas van blare.

Vir die Kersfeestafeldoek met huls word dieselfde kleure as vir die poinsettia gebruik.

Let op hoe die verskillende kleure een na die ander op die blare aangebring word tot die verlangde effek verkry word.

GEVORDERDE ONTWERPE

rose

Vir 'n meer tradisionele ontwerp is rose ingesluit. Speel met die ontwerpe agter in die boek en stel jou eie ontwerp saam.

VERF
GEEL: primulageel
MAGENTA: magenta
BASIS: deurskynende basis
BLOU: vlootblou
GROEN: helder groen, smaraggroen

1. In hierdie voorbeeld is die ontwerpe (kyk bladsy 122) 10 keer vergroot en daarna gebruik om 'n komposisie van rose te vorm.

2. Trek die buitelyne van die ontwerp met 'n rooi omlyner of materiaalmerkpen op die materiaal af. Die agterste blare word net geverf en nie met die pen afgetrek nie. Verf hierdie blare ook heelwat kleiner en in ligter kleure as die ander.

3. Voordat jy begin verf, kan jy gerus baie goed na 'n werklike roos gaan kyk om net die gevoel van hierdie blomme te kry. Roosblare het 'n gladde tekstuur en word dus baie egalig geverf in teenstelling met die groen blare wat streperig geverf word. Die blomblare van 'n roosblaar is gewoonlik ook gekrul sodat daar interessante ligte en donker kolle is wat uitgebeeld moet word.

4. Die appelkoospienk van die rose in die voorbeeld is verkry deur geel met magenta en baie basis te meng.

5. Wanneer die agtergrond geverf word, kan verskillende bloue, groene en gele gebruik word om die illusie te skep dat dit 'n bos blomme in die natuur is. Moenie bang wees om van baie donker en baie ligte kleure gebruik te maak om diepte te verkry nie.

> VOORDAT JY BEGIN VERF, MOET JY SORG DAT JOU KWASTE SKOON IS, VERAL AS JY 'N LIGTE KLEUR WIL GEBRUIK. OORBLYFSELS VAN 'N ANDER KLEUR KAN DIE KLEUR VAN DIE VERF VERANDER EN JOU WERK BEDERF.

Appelkoospienk rose vir 'n meer tradisionele ontwerp.

SKILDER OP LAP

Saamgestelde ontwerpe

In hierdie hoofstuk word samestellings van eenvoudige ontwerpe en meer gevorderde ontwerpe kortliks bespreek. Diagramme vir hierdie ontwerpe is nie ingesluit nie omdat jy ná die vorige twee hoofstukke genoeg selfvertroue behoort te hê om, met behulp van die aantekeninge, jou eie ontwerpe te skep. Die sleutel tot sukses is beplanning en voorbereiding. Oorweeg die komposisie van die ontwerp en dink hoe jy diepte en perspektief gaan verkry. Sommige verfkleure wat aangedui word, is klaar gemengde kleure aangesien iemand wat hierdie soort projekte aanpak gewoonlik al 'n versameling kleure het. Andersins kan die kleure met behulp van die basiese kleure gemeng word.

mandjie met vrugte

Hierdie veelsydige ontwerp kan gebruik word vir tafelmatjies, teemusse en ander artikels.

VERF
GEEL: goudgeel
MAGENTA: magenta
BASIS: deurskynende basis
GROEN: helder groen
GOUD: metaalgoud
BLOU: vlootblou
BRUIN: donker bruin
ROOI: helder rooi
WIT: opake wit

1 Trek die buitelyne van die ontwerp met 'n swart pen op die materiaal af.

2 Skilder die randpatroon en mandjie met vrugte. Gebruik die kleure wat aangedui word in hoofstuk 2 (kyk bladsye 31–53) vir die verskillende vrugte, en skakerings van bruin vir die mandjie. Laat die verf baie goed droog word voordat jy met die volgende stap begin.

3 Plak nou vier stroke maskeerband baie stewig in 'n vierkant om die middelste ontwerp.

4 Meng roomkleurige verf deur 'n klein bietjie geel met magenta en baie basis te meng. Maak seker dat die verf baie goed gemeng is sodat dit nie strepe maak nie. Sorg ook dat daar genoeg verf is vir die hele area om 'n kleurverskil te voorkom.

5 Skraap nou die roomkleurige verf bo-oor die middelste blok. Hierdie lagie verf gee aan die tafeldoek 'n outydse effek.

6 Skraap 'n groen rand om die buiterand van die tafeldoek.

7 Omlyn al die buiterande van die ontwerp en die blokke met goud.

8 Voltooi die tafeldoek deur dit met groen garing af te werk.

Die natuurlike kleure en saamgestelde ontwerp van hierdie tafeldoek maak dit ideaal vir gebruik in die buitelug of 'n rustieke omgewing.

skulpe & seekastaiings

Die see met sy plante, diere en skulpe bied ook 'n menigte voorwerpe om te skilder. Agter in die boek is 'n hele paar ontwerpe van skulpe en seekastaiings (kyk bladsy 123). Gebruik hulle om jou eie ontwerpe saam te stel. Die kleure wat hier gebruik word, is baie subtiel en werklik besonders; veral vir die sand kan baie verskillende skakerings van ligbruin en ligte oker gebruik word.

VERF
BLOU: vlootblou, koningsblou
TURKOOIS: turkoois
GEEL: primula geel
MAGENTA: magenta
GROEN: helder groen
BASIS: deurskynende basis
WIT: opake wit
GOUD: metaalgoud

1. Trek die buitelyne van die ontwerp met 'n swart pen op die materiaal af.

2. Die agtergrond word in drie verdeel – 'n breë middelste gedeelte en twee smal stroke aan die kante. Die middelste gedeelte word ligter geverf as die buitenste gedeeltes. Gebruik variasies van die twee bloue en turkoois vir die agtergrond. Om sandkleure te kry word klein bietjies geel en magenta met baie basis gemeng. Meer geel gee die beige kleure, en meer magenta die vuilpienk kleure.

3. Vir die bruinerige skulpe word ongeveer vier verskillende skakerings met baie geel en magenta gemeng en nog vier verskillende skakerings met geel en baie magenta. Vir die gryserige skulpe word vlootblou baie verdun met basis. Vir die seekastaiings word vier verskillende skakerings groen gemeng deur geel, vlootblou en basis by te voeg. Die seekastaiings kan ook in skakerings van blou of pers geverf word.

4. Klein bietjies verf word met water gemeng en op die agtergrond gespat om die waterspatsels voor te stel.

5. Gebruik opake wit vir die binnekant van die skulpe en goud as finale afronding.

SKILDER OP LAP

Dié pragtige muurpaneel sal mooi lyk in 'n badkamer.

SAAMGESTELDE ONTWERPE

tafeldoek met rose

Om 'n tafeldoek soos dié te verf, is deeglike beplanning en geduld nodig. Omdat dit so groot is, moet jy sorg dat daar genoeg plek is om te werk en dat jy ook genoeg verf meng om alles klaar te maak, anders kan die kleure aan die een kant van die tafeldoek dalk verskil van dié aan die ander kant. Enige kombinasie van kleure kan gebruik word.

VERF
GEEL: primulageel
BRUIN: donker bruin
SWART: swart
BASIS: deurskynende basis
ROOI: helder rooi
WIT: opake wit

1. Beplan die uitleg op papier voordat jy materiaal of verf aankoop. Die ontwerp van die blomme sal vir so 'n groot tafeldoek gewoonlik vergroot moet word. Bepaal hoe groot die blomme moet wees en vergroot hulle elektronies of teken dit met 'n rooster oor.

2. Was en stryk die materiaal en sorg dat dit haaks en in die regte grootte gesny is.

3. Trek die blomme op die materiaal af en teken die buitelyne met 'n swart omlyner.

4. Baken die gedeelte wat met die skraaptegniek geverf gaan word, in hierdie geval die rose, netjies met maskeerband af.

5. Meng die volgende drie kleure verf as volg:
   - Oker: geel en bruin saam met 'n titseltjie swart en basis
   - Roesbruin: rooi, geel en bruin
   - Grys: swart en basis

6. Skraap die drie kleure met breë skrapers oor al die rose sodat dit op sommige plekke oor mekaar en op ander plekke enkel is. Skraap altyd weg van die maskeerband af na binne. Maak seker dat die maskeerband goed vasgeplak is anders kan die verf onder die band invloei en die effek bederf. Laat goed droog word voordat jy verder gaan.

7. Skryf nou die woorde met permanente ink op die materiaal. Indien jy huiwerig is, kan jy dit eers op papier uitskryf en dit daarna met behulp van 'n ligtafel op die materiaal skryf. Laat weer baie goed droog word voordat jy die grys agtergrond verf.

8. Gebruik maskeerband om die grys gedeeltes af te baken en skraap ook hierdie verf met skrapers op die lap. Laat goed droog word voordat jy die donkergrys rand verf.

9. Verf die donkergrys rand met 'n skraper en 'n X-straalplaat (kyk bladsy 28).

SKILDER OP LAP

10 Heel laaste word die tafeldoek afgerond deur met wit opake verf en 'n mengsel van opake wit en basis bo-oor dele van die rose te verf. Probeer om die belangrikste blare uit te lig deur met opake wit van die buitekante na binne te verf. Die wit kan ook met enige van die drie kleure gemeng word om van die onderliggende geskraapte kleure te aksentueer.

Die skraaptegniek en 'n inspirerende aanhaling gee 'n persoonlike aanslag aan hierdie elegante tafel.

SAAMGESTELDE ONTWERPE

blinding met vrugte

Blindings kan 'n dubbele doel dien – as vensterbedekking en as skildery. Die enigste nadeel is dat die ontwerp nie duidelik sigbaar is wanneer die blinding opgetrek word nie. Hier is die groente, vrugte en blomme gekies sodat hulle natuurlike kleure inpas by die terracotta kleurskema van die kombuis. Die afmetings van hierdie blinding is 94 x 150 cm.

VERF
GEEL: primulageel
MAGENTA: magenta
BRUIN: donker bruin
WIT: opake wit
BASIS: deurskynende basis

1. Beplan die ontwerp en vergroot die oorspronklike ontwerpe elektronies tot die regte grootte, of teken dit met 'n rooster oor.

2. Trek die buitelyne van die ontwerp met 'n swart pen op die materiaal af.

3. Oker en terracotta kleure word verkry deur magenta en geel te meng. Hoe meer geel en minder magenta, hoe meer oker is die kleure. Hoe meer magenta en hoe minder geel, hoe meer terracotta is die kleure. In hierdie geval word ongeveer drie skakerings elk van oker, terracotta en bruin gebruik. Voeg basis by vir ligter skakerings.

4. Die opake wit word net gebruik vir die binnekant van die lemoene se skil.

5. Daar word groot kolle wit op die materiaal oopgelaat om tog nog lig deur te laat wanneer die blinding afgetrek is.

'n Groot ontwerp op 'n blinding sal 'n klein kombuis of vertrek groter laat lyk.

SKILDER OP LAP

varkore

Die volgende voorbeelde toon hoe twee verskillende verftegnieke wat vir dieselfde ontwerp gebruik is, twee heeltemal verskillende eindprodukte tot gevolg het. Vir die eerste voorbeeld is 'n skildertegniek, en vir die tweede 'n skilder-en-skraaptegniek gebruik.

Die ontwerp

1. Die ontwerpe van die varkore agter in die boek word gebruik om die ontwerp saam te stel (kyk bladsy 124). Die plasing van die blare en blomme is baie belangrik om 'n eenheid te verkry. Begin dus met die blomme wanneer jy begin teken.

2. Die blomme moet gemaklik binne die raamwerk inpas.

3. Maak seker dat al die blare en die blomme duidelik herkenbaar is as mens daarna kyk.

4. Dit is nie nodig om al die blare in te teken nie. Die agterste blare word aan die einde net ingeverf. Vir die voorbeeld is net vyf blomme en vyf blare op die ontwerp geteken.

Skildertegniek

Volg die basiese riglyne vir die skildertegniek (kyk bladsye 22–23).

VERF
GROEN: helder groen, smaraggroen
GEEL: primulageel
BASIS: deurskynende basis
BLOU: vlootblou
MAGENTA: magenta
WIT: opake wit

1. Trek die buitelyne van die ontwerp met 'n swart pen op die materiaal af

2. Probeer 'n regte varkoorblaar en -blom bestudeer voordat jy begin verf. Let veral op na die tekstuur en grein van die blare – dit is werklik pragtig. Let ook op na lig en skadu – dit help veral om diepte en vorm aan die kunswerk te gee.

3. Die belangrikste kleur in hierdie besonderse skildery is groen. Die ligste groen word gemeng van helder groen, 'n bietjie geel en baie basis om die verf ligter te maak. Maak al die ander groen kleure wat jy benodig deur geleidelik al hoe minder basis by te voeg en dit sodoende donkerder te maak. Vir die donkerste groen word vlootblou by die smaraggroen gevoeg.

4. Begin om met die ligste groen op die blare en stele van die blomme te verf en bou daarna geleidelik op na die donkerste groen in die agterste blare.

5. Verf baie detail in die voorste blare en maak die blare meer eenvoudig verder na agter.

SKILDER OP LAP

6 Meng ligte kleure uit mengsels van vlootblou, magenta, geel en baie basis en gebruik dit as skadukleure vir 'n driedimensionele effek.

7 Die agtergrond word ingevul met ligte vlekke. Gebruik groene om blare wat in die agtergrond verdwyn voor te stel en bloue vir die lug.

8 Verf heel laaste al die wit gedeeltes van die blomme met wit opake verf.

> DIE WIT OPAKE VERF EN MENGSELS DAARVAN WORD SLEGS GEBRUIK OM DIE BLOMME MEE TE SKILDER.

Hierdie varkore is met die skildertegniek geverf. Let op hoe die skaduwees op die blomme met ligte mengsels van vlootblou, magenta en geel ingeverf word. By die basis van die blomme kan jy selfs 'n bietjie groen gebruik.

SAAMGESTELDE ONTWERPE

varkore

Skraaptegniek
Die basiese riglyne vir die skraaptegniek word gevolg (kyk bladsy 27).

VERF
GEEL: primulageel
BRUIN: donker bruin
SWART: swart
BASIS: deurskynende basis
ROOI: helder rooi
WIT: opake wit

1 Trek die buitelyne van die ontwerp met 'n swart pen op die materiaal af.

2 Maak baie seker dat die buitelyne van die ontwerp heeltemal droog is voordat die verf aangebring word aangesien dit hier maklik kan smeer.

3 Vier kleure word vir hierdie tegniek gebruik:
- 'n Mengsel van geel, 'n bietjie bruin, 'n klein bietjie swart en baie basis
- 'n Mengsel van geel, bietjie bruin, bietjie swart, en minder basis
- 'n Mengsel van geel, rooi, bruin en basis
- 'n Mengsel van swart en basis

4 Skraap die kleure met 'n skraper oor die lyntekening. Gebruik die ligste kleure bo en aan die buitekant van die ontwerp en die donker kleure in die middel en onder.

5 Verf die blomme met opake wit terwyl die ander verf nog nat is. Die opake wit word met basis verdun sodat dit nie lyk asof dit bo-op die lap geplak is nie, maar geleidelik met die ander kleure saamsmelt.

6 Verf met sommige van die kleure waarmee geskraap is op die blare asook direk buite-om die blomme en blare om meer diepte te verkry.

MAAK DIE SKRAPER ELKE KEER GOED SKOON VOOR JY 'N NUWE KLEUR GEBRUIK. AS DAAR SELFS NET EEN KORRELTJIE OU, DROË VERF DAARAAN VASSIT, SAL DIT 'N MERK OP JOU WERK MAAK WANNEER DIE NUWE VERF DIT NAT MAAK.

SKILDER OP LAP

Die ontwerp is dieselfde as in die vorige voorbeeld, maar 'n heel ander effek en atmosfeer word verkry met die skraaptegniek.

muurpaneel of blinding

Hierdie ontwerp is iets heel anders as wat ons tot dusver gedoen het. Dit word ingesluit om te wys hoe 'n mens heeltemal kan wegbreek van die tradisionele deur ander tipes voorwerpe te teken, vreemde kleure en metaalverf te gebruik en selfs 'n bietjie wysheid met die verf te kombineer.

VERF
BLOU: vlootblou
GEEL: primulageel
GROEN: helder groen
MAGENTA: magenta
PERS: violet
SWART: swart
BASIS: deurskynende basis
BRONS: metaalbrons
GOUD: metaalgoud

1. Twee verskillende kleure penne word hier gebruik om die ontwerp op die materiaal aan te bring: swart vir die voorste of belangrikste voorwerpe en grys vir die voorwerpe wat nie so opvallend is nie en meer in die agtergrond is.

2. Maak baie seker dat die ink van die penne waarmee die ontwerp aangebring is baie goed droog is voordat jy met verf begin werk. Maak die agtergrond deur die verskillende deurskynende kleure oormekaar te skraap. Begin met die ligste kleure en gaan dan geleidelik oor na die donkerder kleure.

3. Verf die detail van die vrugte en die bak met 'n kwas in. Gebruik 'n goue en brons omlyner om die goud op die geskrewe gedeeltes en op die rande van die vrugte en blare aan te bring.

4. Die aanhaling op hierdie spesifieke skildery is die volgende: 'The artist is the person who makes life more interesting or beautiful, more understandable or mysterious, or probably, in the best sense more wonderful.' George Bellows (1882–1925) uit *Art Lovers' Quotations* (red. Helen Exley).

5. Verf nou die groot goue en brons areas met 'n kwas.

> HIERDIE SOORT ONTWERPE KAN SELFS OP BINNE- OF BUITEMURE AANGEBRING WORD. MENG GEWONE PVA VERF MET MATERIAALVERF SODAT DIE VERF NIE MAKLIK AFWAS NIE. VERAL OP 'N MUUR LYK DIE GOUE EN BRONS VERF BESONDER MOOI.

SKILDER OP LAP

'n Ontwerp soos hierdie kan ewe goed vir 'n muurpaneel of 'n blinding gebruik word.

SAAMGESTELDE ONTWERPE

uitsig deur 'n venster

Om 'n projek soos hierdie suksesvol te voltooi, verg baie goeie beplanning. Daar is lank op papier gespeel en beplan. Die houtluike en vensterrame is eerste op papier uitgeteken en daarna is die landskap en al die detail ingevul. Baie van die blare is aanvanklik nie op die ontwerp aangebring nie, maar eers later net met 'n kwas ingevul.

VERF
BLOU: vlootblou
OKER: mosterd
GROEN: helder groen
PERS: violet
WIT: opake wit
BASIS: deurskynende basis

1. Trek die buitelyne van die ontwerp met 'n swart pen op die materiaal af, maar slegs die blare van die plante in die voorgrond word met die pen omlyn, die ander blare word later met 'n kwas ingeverf.

2. Verf eerste die vensterraam en luike. Gebruik sover moontlik skrapers en rond dit daarna af met 'n kwas. Gebruik hier baie 'los' kwashale om die tekstuur van die hout aan te dui.

3. Verf die gordyne met 'n kwas en laat die hale van die kwas die rigting van die voue van die gordyne volg om diepte en tekstuur aan die gordyne te gee.

4. Verf die agtergrond van die toneel binne die vensterraam klaar. Gebruik hier ook die hale van die kwas om diepte en tekstuur aan die lug en plante te gee.

5. Verf nou die detail soos die potplante in die voorgrond, en gebruik donkerder kleure as in die agtergrond om die illusie te skep dat die landskap in die verte verdwyn.

6. Wanneer die hele toneel in die vensterraam klaar geverf is, word wit opake verf wat baie verdun is met basis, gebruik om liggies bo-oor die hele toneel te verf om die illusie te skep van glas in die vensterrame. Wees egter versigtig om nie die agtergrond van die toneel in die vensterraam weg te verf deur te veel wit verf te gebruik nie.

7. Verf die blomme en blombakke ook nou gedeeltelik met onverdunde opake wit.

8. Rond die artikel finaal af met 'n effe oker kleur reg rondom die venster. Skrapers en sponse word hiervoor gebruik, behalwe waar die agtergrond aan die luike en vensterbank raak. Daar word 'n kwas gebruik om netjiese en duidelike skeidings te verkry.

SKILDER OP LAP

Gee 'n klein woonstelletjie in die stad 'n illusie van 'n plattelandse uitsig met hierdie dekoratiewe muurbehangsel.

SAAMGESTELDE ONTWERPE

Artikels gemaak van geverfde lap

Van die gewildste artikels waarvoor geverfde lap gebruik word, is tafeldoeke, tafelmatjies, teemusse, vatlappe, voorskote, muurpanele en blindings. Dikwels word artikels waarvoor watteersel gebruik word, byvoorbeeld tafelmatjies, teemusse en vatlappe, gekwilt. Hierdie hoofstuk bevat aanwysings vir die maak en kwilt van artikels.

MASJIENKWILTWERK

Teemusse, tafelmatjies en vatlappe lyk baie professioneel wanneer die watteersel vasgekwilt word. Dit maak nie alleen die artikel sterker nie, maar gee ook tekstuur aan die verfwerk neem lank om 'n artikel te kwilt. As jy artikels wil maak om te verkoop, sal jy dit in aanmerking moet neem wanneer jy die prys bereken.

KLEUR VAN DIE STIKSEL

Die kleur van die stiksel het, net soos die kleur van die buitelyne van die ontwerp, 'n groot invloed op die voorkoms van die produk. Die algemeenste kleur waarmee ons kwilt is swart, maar dit kan soms baie hard lyk. Dit maak dan 'n groot verskil as 'n kleur soos vlootblou of bottelgroen vir die kwiltwerk gebruik word. Donker grys lyk soms ook baie mooier as swart.

Toets eers die kleure op 'n aparte lappie aangesien jy nie kan lostrek nadat jy met 'n kleur begin werk het nie. 'n Interessante effek kan ook verkry word deur buitelyne in verskillende kleure te kwilt. Die hoeveelheid kwiltwerk op 'n artikel hang af van persoonlike voorkeur en die effek wat jy wil verkry. Dit is nie nodig om op al die lyne te stik nie. Indien jy die artikel net wil versterk met die stiksels, kan jy net op die buitelyne van die ontwerp stik. Indien jy egter 'n meer driedimensionele effek wil verkry, kan jy op al die lyne stik. Veral 'n vol ontwerp met vrugte en blomme lyk pragtig wanneer dit so afgerond word.

Indien die spanning van jou masjien perfek ingestel is, met ander woorde as die boonste drade en die onderste drade presies tussen die bo- en onderkant van die stiksel om mekaar haak om 'n steek te vorm, kan dit ook baie mooi lyk as jy een kleur aan die bokant en 'n ander kleur aan die onderkant van 'n voltooide artikel soos 'n tafelmatjie gebruik. Sorg net altyd dat die onderste kleur nie aan die bokant wys nie en andersom. Op hierdie manier kan die buitelyne van die ontwerp byvoorbeeld op die effe agterkant van 'n tafelmatjie aangebring word. Dit lyk werklik besonders, maar dit is baie werk en dit

KEUSE VAN WATTEERSEL

Wanneer 'n artikel gekwilt moet word, is die keuse van watteersel baie belangrik. Gebruik 'n dik watteersel vir 'n teemus en 'n dunner, stewige tipe vir tafelmatjies en vatlappe. Die dunner watteersel lyk baie soos vilt en is dikwels nie so geredelik te kry soos die dikker, meer losgeweefde soort nie.

Spons kan ook vir tafelmatjies en vatlappe gebruik word as daar nie iets anders beskikbaar is nie, maar dit is geneig om aan die masjien vas te klou wanneer 'n mens kwilt en juis nodig het om die artikel maklik en vrylik te kan beweeg. Die spons haak ook maklik aan die masjien vas en skeur, of skeur waar daar heen en weer gestik word. Watteersel is duursamer en beslis die beste keuse.

> PAKKE VAN VIER OF SES SERVETTE MET TAFELMATJIES SONDER WATTEERSEL EN KWILTWERK, VERKOOP BAIE GOED BY MARKTE EN GESKENKWINKELS. DIT NEEM NIE LANK OM TE MAAK NIE EN DIE MATERIAAL IS NIE BAIE DUUR NIE.

In hierdie mooi voorbeeld kan gesien word hoe die kwiltwerk die verfwerk aanvul. Die stiksel maak ook die buitelyne van die ontwerp op die agterkant sigbaar.

HOE OM DIE NAALDWERK-MASJIEN TE GEBRUIK

Vir kwiltwerk het jy nie 'n deftige masjien nodig nie. Dit is eintlik baie lekker as jy kan kwilt met 'n ou masjien waarvoor jy nie jammer is nie. Selfs 'n ou handmasjien kan gebruik word. Gaan as volg te werk:

1. Speld die bo- of voorkant van die artikel wat gekwilt word met die geverfde kant na bo op die watteersel vas en sny die watteersel rondom 'n paar sentimeter groter as die artikel uit.

2. Gebruik 'n dik naald (nr. 90 of 100) en die vryhandborduurvoetjie van jou masjien. Hierdie voetjie lyk soos 'n ronde oop sirkeltjie wat aan die metaalstangetjie van die voetjie vasgeheg is.

3. Laat die voertandjies van die masjien sak sodat die artikel vrylik rondbeweeg kan word.

4. Stel die steeklengte taamlik groot. Die steeklengte sal gedurig wissel afhangend van hoe vinnig jy die artikel onder die voetjie beweeg.

5. Besluit op die kleur van die garing wat jy wil gebruik en sorg dat die onderste spoeletjie vol gedraai is met hierdie kleur. As die onderste garing skielik of dikwels opraak, kan dit nogal 'n gekoek afgee wat die artikel kan bederf en wat soms baie moeilik is om te ontrafel.

6. Wanneer die artikel dwarsdeur gekwilt word, byvoorbeeld 'n tafelmatjie, gaan jy die bokant eers net op 'n paar plekke vasstik aan die watteersel, die tafelmatjie klaarmaak en dit daarna kwilt. Indien net die bo- of voorkant gekwilt word, kwilt 'n mens gewoonlik die bokant vanaf die middel van die ontwerp na buite, en maak daarna die tafelmatjie klaar.

7. Dit is baie moeilik om stiksels van kwiltwerk los te trek, veral as dit op dik watteersel vasgestik is. Indien jy lostrek op 'n geverfde oppervlak gaan dit die verfwerk beskadig en sal die dik naald gate in die materiaal laat wat ongelukkig nie herstel kan word nie.

8. Wanneer jy begin om die geverfde ontwerp te kwilt, moet jy eers 'n paar steke agtertoe en vorentoe werk – dit verseker dat die stiksel nie later lostrek nie. Stuur die lap met watteersel nou self waar jy dit wil stik. Dit is nie nodig om altyd presies op die lyne te stik nie aangesien jy eintlik ook met die naald teken. Oefen altyd eers op 'n ander lappie voordat jy op jou klaar geverfde artikel begin kwilt. Hoe 'losser' die stikwerk, met ander woorde, hoe gemakliker jy die materiaal onder die voetjie beweeg, hoe mooier is die kwiltwerk. Dit word gelukkig makliker met oefening.

9. Wanneer jy 'n gedeelte van jou kwiltwerk wil afeindig, moet jy weer 'n paar keer heen en weer stik. Moet egter nie elke keer die garing afsny nie. Lig eerder die masjien se voetjie op en skuif die materiaal tot waar jy weer wil begin stik. Indien jy die garing elke keer afsny, veroorsaak dit 'n lelike gekoek en werk mens ook maklik die agterste los drade in die volgende stiksels vas. Sorg egter net altyd dat die stuk garing tussen die twee stiksels nie te kort is nie, want dit sal die materiaal lelik laat optrek.

10. Nadat die kwiltwerk voltooi is, word al die drade netjies afgesny. Begin aan die voorkant en knip met 'n skerppuntskêr al die drade teenaan die materiaal af. Herhaal nou dieselfde proses aan die agterkant.

11. Stryk laastens die artikel baie goed, maar wees tog versigtig dat die watteersel nie inmekaartrek van die strykyster se hitte nie.

MAAK VAN ARTIKELS

Dit is nie altyd nodig om konvensionele metodes te gebruik vir artikels wat van geskilderde lap gemaak word nie. Die rede hiervoor is dat die ou metodes dikwels te lank neem of nie so goed werk nie. As jy artikels maak om te verkoop, is tyd 'n belangrike oorweging. Niemand kan 'n mens ooit na regte vergoed vir die tyd wat handwerk verg nie en daarom is tydbesparende metodes baie belangrik. Die metodes wat hier gebruik word, is egter net voorstelle en as jy 'n metode het wat beter werk, gebruik dit gerus.

TAFELDOEKE EN SERVETTE

Van al die artikels wat van geverfde lap gemaak word, is tateldoeke en servette die maklikste en bruikbaarste. 'n Tafeldoek is dus gewoonlik die eerste projek wat beginners aanpak.

Vir vierkantige tafeldoeke word 100 x 100 cm vir 'n bokleedjie of 120 x 120 cm vir 'n teetafel as standaardgroottes gebruik. Indien 'n tafeldoek vir 'n spesifieke tafel gemaak word, word die mate van die tafel geneem en 20–30 cm reg rondom bygetel, afhangende van die grootte van die tafel.

Vir 'n ronde tafeldoek word die deursnee van die tafel gemeet en dan deur 2 gedeel. Tel 20–30 cm as oorhang hierby om die radius van die tafeldoek te kry. Om die tafeldoek uit te sny word die materiaal baie presies en netjies eers in die helfte en dan in vier gevou sodat dit 'n vierkant vorm wat 'n kwart van die hele stuk lap se oppervlakte is. Die gevoude sye van die vierkant kan nog 'n keer opmekaar gevou word sodat dit 'n driehoek vorm, maar soms is die lap dan te dik om te sny. Bind nou 'n potlood vas aan 'n tou en maak die tou die lengte van die radius van die tafeldoek. Hou die punt van die tou baie stewig vas by die gevoude hoekpunt van die materiaal, wat die middelpunt van die tafeldoek is, terwyl 'n tweede persoon 'n kwart sirkel met die potlood op die lap teken. Sny die tafeldoek baie presies op hierdie lyn uit.

Servette se groottes kan wissel, maar 30 x 30 cm vir klein servette en 40 x 40 cm vir groter servette, kan beskou word as standaardmates.

'n Effe strook van ongeveer 5 cm wat reg rondom tafeldoeke of ook servette geverf word, lyk altyd mooi en rond die artikels pragtig af.

IS JY DALK DIE EIENAAR VAN 'N EETSERVIES MET 'N BESONDERSE ONTWERP? MAAK VIR JOU 'N TAFELDOEK WAT BY DIE EETSERVIES PAS. TEKEN DIE ONTWERP UIT OP PAPIER, VERGROOT DIT EN VERF DIT OP MATERIAAL.

Benodigdhede
- Materiaal vir tafeldoek (en servette, indien verlang)
- Verf benodig vir elke ontwerp
- Kwaste
- Skrapers
- Ou X-straalplate
- Omkapmasjien
- Garing in die kleur van die randstrook se verf

1 Meet die tafel en voeg 20–30 cm, afhangende van die grootte van die tafel, reg rondom by.

2 Bereken hoeveel materiaal benodig word en laat ongeveer 10% ekstra toe vir krimp, indien materiaal van natuurlike vesel gebruik word.

3 Berei die materiaal voor deur dit te was en te stryk.

4 Sny die materiaal baie mooi haaks voordat jy begin om die ontwerp daarop aan te bring. Dit is veral by 'n tafeldoek baie belangrik dat die eindproduk haaks moet wees anders hang die hele tafeldoek skeef.

5 Bring die ontwerp op die materiaal aan en hou die effe strook in gedagte.

6 Vir 'n servet lyk 'n klein ontwerpie in een hoek baie mooi, maar jy kan ook die hele servet met 'n ontwerp bedek, of dit in 'n effe kleur verf.

7 Lê die tafeldoek plat neer op 'n groot tafel of selfs op die vloer indien jy nie anders kan nie – dit is net baie ongemaklik om op die vloer rond te kruip en te verf.

8 Verf die ontwerp en werk verkieslik van binne na buite om te verhoed dat die verf smeer.

9 Gebruik 'n skraper om die effe strook van ongeveer 5 cm reg rondom te verf. Die kant van 'n ou X-straalplaat word as gids gebruik om die kante reguit te kry.

10 Laat die verf baie goed droog word voordat jy die lap hanteer of vou. 'n Tafeldoek is gewoonlik baie groot en as jy dit hanteer terwyl die verf nat is, smeer dit maklik.

11 Fikseer die verf deur een van die hittebehandelings op bladsy 29 te gebruik.

12 Werk die soom van die tafeldoek eers ná die hittebehandeling af aangesien die garing geneig is om in die oond te smelt. Stik met die omkapmasjien 'n rand van digte, 4 mm-breë satynsteek wat amper soos die afwerking van 'n knoopsgat lyk. Toets eers die stiksel op 'n afvallappie voordat jy die tafeldoek stik.

13 Indien jy nie 'n omkapmasjien het nie, kan jy die rand met 'n 1 cm-breë soom afwerk. Onthou egter om die soom in te reken wanneer jy mates uitwerk, anders gaan die voltooide tafeldoek kleiner wees as wat jy beplan het.

VERF 'N PITTIGE GESEGDE, 'N PERSOONLIKE BOODSKAP OF 'N AANHALING OP 'N TAFELDOEK, VOORSKOOT OF ENIGE ANDER ARTIKEL OM DIT IETS BESONDERS TE MAAK.

Tafeldoeke en servette is die gewildste artikels van geverfde lap.

TAFELMATJIES

Tafelmatjies is van die bruikbaarste en bevredigendste artikels om te maak. Die matjies kan enige vorm aanneem, byvoorbeeld dié van verskillende vrugte, blomme of skulpe. Die groottes van die matjies kan baie wissel, maar sorg net dat hulle nie te klein is vir 'n bord om gemaklik daarop te staan nie.

Gewone reghoekige matjies is ook altyd pragtig en dienlik. 'n Algemene voltooide grootte vir reghoekige tafelmatjies is 28 x 42 cm.

Benodigdhede

- Ongeveer 30 x 90 cm goeie, dig geweefde materiaal vir 'n gewone matjie. Vir 'n matjie in 'n vrugtevorm (bv. halwe lemoen of suurlemoen) is 'n stuk materiaal van ongeveer 100 x 55 cm nodig. Laat sowat 10% ekstra materiaal toe vir krimp. Indien die matjie 'n buitengewone vorm het, is meer materiaal gewoonlik nodig. Maak seker van die hoeveelheid materiaal wat nodig is voordat jy dit koop.
- Ongeveer 30 x 45 cm dun, stewige watteersel vir 'n reghoekige matjie en 50 x 55 cm vir 'n matjie met 'n onreëlmatige vorm
- Verf benodig vir die ontwerp
- Garing vir kwiltwerk

1 Besluit vooraf op die voltooide grootte en die ontwerp. Dit kan interessant wees as al die matjies nie presies eenders lyk nie. Die matjies kan ook twee verskillende motiewe, byvoorbeeld blomme aan die een kant en vrugte aan die ander kant op hê, maar kan dan nie dwarsdeur gekwilt word nie.

2 Bereken hoeveel materiaal jy nodig het en berei die materiaal voor (kyk bladsy 11).

Verras jou gaste met kleurryke matjies in die vorm van vrugte.

3 Sny die materiaal in reghoeke en laat genoeg materiaal toe vir some.

4 Teken die motiewe op die voorkante van die matjies en dui ook die buitelyne van die matjies aan.

5 Sny die voorkante van die matjies met 'n naattoelating van ongeveer 2 cm uit.

6 Sny die agterkante net so groot soos die voorkante.

7 Verf die motiewe op die voorkant. Verf ongeveer 1 cm oor die buitelyn van die matjie sodat daar nie 'n wit gedeelte uitsteek nadat die voor- en agterkant aanmekaar gestik is nie.

8 Verf die agterkante. Gewoonlik word die agterkante effe geverf in die kleur van die voorkant se agtergrond. Strepe en blokke lyk ook baie mooi en kan selfs vir die bokant gebruik word. By tafelmatjies in die vorm van vrugte kan die agterkant net soos die voorkant met ligkolle, maar sonder die blare, geverf word. Maak egter seker dat jy die spieëlbeeld van die voorkant verf indien die matjie asimmetries is, anders sit jy dalk met twee voorkante en geen agterkant nie.

9 Laat die verf goed droog word voordat jy verder werk. Dit neem gewoonlik 'n dag, maar langer in klam weer.

10 Fikseer die verf met een van die hittebehandelings (kyk bladsy 29).

11 Speld die voorkant van die matjie op die watteersel vas en knip die watteersel net so groot soos die matjie plus naattoelating indien jy dit nie gaan kwilt nie, en 'n bietjie groter as die matjie indien jy dit gaan kwilt.

12 Indien jy net die bokant van die matjie wil kwilt, word dit nou gedoen (kyk bladsy 90).

13 Werk 'n stiksel op die buitelyn van die voorkant om as gids te dien wanneer jy die voor- en agterkant aanmekaar stik.

14 Speld die agterkant en die voorkant aanmekaar, met regte kante op mekaar.

15 Stik die twee kante met die watteersel na buite op die gidslyn aanmekaar. Begin en eindig deur heen en weer te werk. Laat 'n opening van ongeveer 8 cm aan die langste sy oop sodat die matjie omgekeer kan word.

16 Knip die naattoelating reg rondom die tafelmatjie ongeveer 1 cm breed.

17 Knip kepies om die rondings van die naat uit sodat dit 'n mooi sagte ronding vorm wanneer dit omgekeer word.

18 Keer die matjie om en stryk die hoeke van die binnekant af mooi glad met die vingers. Werk die opening baie netjies met onsigbare oorhandse steke toe.

19 Stryk die matjie baie versigtig.

20 Indien die kwiltwerk op die agterkant sigbaar moet wees, word dit nou gedoen.

21 Indien die matjie glad nie gekwilt word nie, kan daar bo-op die matjie, ongeveer 2 mm van die kant, 'n stiksel aangebring word om te sorg dat die matjie mooi stewig is en plat lê.

TEEMUSSE EN SKINKBORDLAPPE

'n Teemus saam met 'n skinkbordlap is 'n treffer as 'n geskenk. Die teemus sowel as die skinkbordlap kan gekwilt word, of 'n ontwerp kan bloot op die materiaal geverf word. Gebruik die aanwysings vir 'n tafelmatjie om die skinkbordlap te maak.

Benodigdhede

TEEMUS
- 70 x 90 cm stewige katoenmateriaal
- 2 stukke dik watteersel, 40 x 35 cm
- Verf benodig vir die ontwerp
- Kwaste
- Garing om mee te kwilt

1. Berei die materiaal voor (kyk bladsy 11).

2. Maak volgens die diagram op bladsy 127 'n patroon vir die teemus. Die patroon maak reeds voorsiening vir nate.

3. Sny hierdie patroon vier keer uit materiaal.

4. Teken die ontwerp op twee van hierdie stukke materiaal. Indien verkies, kan jy net 'n ontwerp op die voorkant verf maar gewoonlik lyk dit baie treffend as 'n ontwerp op albei kante geverf word. Om die teemus nog interessanter te maak, kan twee verskillende ontwerpe op die twee kante geverf word.

5. Verf die ontwerp en laat die verf baie goed droog word.

6. Verf die twee stukke materiaal wat vir die voering gebruik gaan word effe. Donker kleure soos blou of groen lyk baie mooi en is prakties aangesien dit nie so gou vuil word nie.

7. Fikseer die verf met een van die hittebehandelings (kyk bladsy 29).

8. Speld die materiaal met die ontwerpe stewig op die watteersel vas en knip die watteersel 'n bietjie groter as die materiaal as jy die ontwerp gaan kwilt, of net so groot as jy dit nie gaan kwilt nie.

9. Indien jy die ontwerp wil kwilt, word dit nou gedoen. Knip die watteersel net so groot soos die materiaal nadat jy die kwiltwerk gedoen het.

10. Speld die buitekante van die teemus met regte kante opmekaar stewig en netjies aan mekaar vas deur spelde na buite loodreg op die buiterande van die watteersel te steek.

11. Stik die twee buitekante en die watteersel met 'n naat van 1 cm breed aan mekaar vas. Maak die steke redelik lank en gebruik 'n dik naald. Werk stadig en versigtig aangesien die naald maklik kan breek. Werk ook egalig om rondings sodat die teemus 'n mooi ronding vorm wanneer dit omgekeer word.

12. Knip kepies in die naattoelating om rondings, keer die teemus om en stryk die naat met jou vingers glad.

13. Knip die twee stukke voering aan die onderkant 3 cm korter as die oorspronklike patroon sodat die voering nie na die buitekant van die teemus uitkruip nadat dit vasgestik is nie. Omdat die watteersel baie dik is, kan die voering nie tot teenaan die buitenaat van die teemus ingedruk word nie. Stik die pante van die voering met 'n 1 cm-breë naat aan mekaar vas.

14. Knip die naattoelating van die voering smaller en knip kepies om rondings.

15 Trek die voering met die regte kant na binne bo-oor die buitekant van die teemus met die regte kant na buite.

16 Speld die onderkante van die teemus en voering met die spelde loodreg op die rand baie noukeurig op mekaar vas. Maak seker dat die rande presies op mekaar lê en stik hulle aanmekaar met 'n 1 cm-naat. Laat 'n opening van ongeveer 6 cm aan die agterkant van die teemus oop sodat dit omgekeer kan word. Onthou dat die buitekant met die watteersel, wat nou binne is, groter is as die voering wat nou buite is. Dit sal reggestel word sodra die teemus weer na die regte kant omgekeer word.

17 Keer die teemus om en werk die opening versigtig met klein oorhandse stekies toe.

18 Speld die buitekant van die teemus en die voering stewig aan mekaar vas sodat die buitekant ongeveer 2 mm na binne omvou. Steek die spelde weer loodreg op die rand sodat die bo-, en onderkante nie ten opsigte van mekaar beweeg wanneer jy stik nie.

19 Stik 1 cm vanaf die onderste rand met groot steke 'n dubbele stiksel op die buitekant van die teemus.

MAAK VAN KARTON 'N PATROON VAN 'N TEEMUS EN 'N REGHOEKIGE TAFELMATJIE. TREK DIE PATRONE AF OP DIE MATERIAAL DEUR MET 'N POTLOOD OF PEN OM DIE KARTON TE TREK.

HANDDOEKE

Koop 'n stuk handdoekmateriaal en maak self sulke oulike handdoekies as 'n kombuisteegeskenk (kyk bladsy 103).

Benodigdhede
- 40 x 50 cm handdoekmateriaal vir elke handdoek
- 13 x 42 cm materiaal om op te verf
- Omkapmasjien
- Verf benodig vir die ontwerp
- Kwaste

1 Knip die handdoekmateriaal baie versigtig in netjiese reghoeke en werk dit af met 'n omkapmasjien met digte, 4 mm-breë satynsteek wat amper soos die afwerking van 'n knoopsgat lyk. Toets net eers die stiksel op 'n ander lappie.

2 Teken die ontwerp met 'n swart pen af op die lap wat geverf moet word.

3 Verf die ontwerp en laat die verf baie goed droog word.

4 Fikseer die verf met een van die hittebehandelings soos beskryf op bladsy 29.

5 Werk die lappie waarop jy geverf het met 'n omkapmasjien met digte, 4 mm-breë satynsteek af. Toets eers die stiksel op 'n ander stuk lap voordat jy jou lappie begin omsoom.

6 Stik die lappie op sy rand eers met 'n reguit stiksel en daarna met sigsagsteek op die handdoek vas of vou 'n 1 cm-soompie reg rondom in en stik dan die lappie op die handdoek vas.

Hierdie bypassende stel sal mooi lyk by 'n blou of geel kleurskema.

TEENETTE

Maak 'n teenet wat pas by jou tafeldoek en servette en wat 'n bietjie anders lyk as die gewones wat afgewerk is met 'n strook kant. Jy kan selfs meer waaghalsig wees en in plaas van wit of naaswit 'n baie helder kleur net, byvoorbeeld 'n helder grasgroen of pers, gebruik. Veral hierdie twee kleure lyk pragtig saam met 'n randstrookontwerp van druiwe of vrugte. Indien net nie beskikbaar is nie, kan Terylene™ of Franse voile vir die binneste gedeelte gebruik word. Ek het gevind dat dit beter werk om die net klaar te maak en dan die skilderwerk te doen as andersom, aangesien dit soms gebeur dat die motiewe nie reg in die middel van 'n sy uitkom nie, al meet jy hoe goed.

Benodigdhede

- Gekleurde of wit net, groot genoeg om die bokant van die tafel te bedek
- Stroke wit of gekleurde materiaal, 14 cm breed, waarmee die kante afgewerk word
- Omkapmasjien
- Verf benodig vir die ontwerp
- Kwaste

1. Meet die grootte van die tafel en knip die net so groot soos die oppervlakte van die tafel. Indien dit nie vir 'n spesifieke tafel gemaak word nie, is mates van 82 x 130 cm vir die netgedeelte gewoonlik geskik.

2. Sny die 14 cm breë stroke materiaal vir die kort kante net so lank as die kort sye van die net.

3. Sny die 14 cm breë stroke vir die lang kante 28 cm langer as die lang kante van die net.

4. Gebruik 'n omkapmasjien en werk die net en die stroke materiaal netjies om.

5. Plaas die binnerande van die kort stroke op dié van die net, met regte kante opmekaar. Stik die nate 1 cm breed. Stryk die nate plat met die naattoelatings onder die randstrook. Wees baie versigtig wanneer jy stryk want net is geneig om maklik te brand. Maak 'n bo-stiksel ongeveer 2 mm vanaf die vou bo-op die randstrook.

6. Herhaal stap 5 vir die lang sye van die teenet.

7. Rond die randstroke met 'n 1cm-breë soom af.

8. Teken die ontwerp op die randstroke. Gewoonlik teken mens een volledige ontwerp met sy middelpunt presies op die middelpunt van die kort stroke en twee ontwerpe met hul middelpunte op die kwart- en driekwartverdelingspunte van die lang stroke. In die hoeke kan daar ook enkelmotiewe geverf word.

9. Verf die motiewe en laat hulle heeltemal droog word.

10. Fikseer die verf deur dit baie goed met 'n yster te stryk (kyk bladsy 29). Wees baie versigtig om nie die net met die yster te brand nie.

MAAK JOU GESKENKE PERSOONLIKER DEUR JOU EIE SKRYFPAPIER EN KAARTJIES TE MAAK. GEBRUIK DIESELFDE ONTWERPE AS OP DIE MATERIAAL, MAAR MAAK DIT KLEINER EN EENVOUDIGER. TEKEN DIE BUITELYNE MET VERSKILLENDE KLEURE INK EN KLEUR DIT IN MET WATERVERF, VILTPUNTPENNE OF SELFS KLEURKRYT.

AFDROOGDOEKE

Maak iets spesiaal van 'n gekoopte afdroogdoek deur groente, vrugte of blomme daarop te verf, of deur 'n geverfde lappie daarop te appliek (kyk bladsy 103). Afdroogdoeke is nuttige geskenke waarvan niemand ooit te veel kan hê nie. 'n Mooi stel afdroogdoeke saam met 'n voorskoot en vatlappe is 'n uitstekende geskenk vir 'n kombuistee.

Benodigdhede
- Enige gekoopte vadoek, maar verkieslik 'n goeie afdroogdoek
- Verf benodig vir die ontwerp
- Kwaste
- Omkapmasjien

1 Teken die ontwerp met 'n swart pen in die een hoek, aan die een kant of aan albei kort kante van die afdroogdoek of op 'n oorskietlappie.

2 Verf die ontwerp en laat die verf baie goed droog word.

3 Fikseer die verf met een van die hittebehandelings soos beskryf op bladsy 29.

4 Indien jy op 'n lappie geverf het, kan jy dit met 'n omkapmasjien met digte, 4 mm breë satynsteek wat amper soos die afwerking van 'n knoopsgat lyk, omsoom. Toets eers die stiksel op 'n ander stuk lap.

5 Stik die lappie daarna op sy rand eers met 'n reguit stiksel en daarna met sig-sagsteek vas.

VATLAPPE

Watter kok is nie bly oor 'n nuwe stel vatlappe nie? Maak sommer 'n hele paar stelle gelyktydig en bêre hulle vir wanneer jy onverwags 'n geskenk nodig kry.

Benodigdhede
- 30 x 60 cm stewige katoenmateriaal vir elke vatlap
- 30 x 30 cm dik watteersel vir elke vatlap
- Verf benodig vir die ontwerp
- Kwaste
- Garing om mee te kwilt
- Lint of geverfde materiaal vir 'n lissie

1 Knip die materiaal in twee stukke van 30 x 30 cm.

2 Trek die buitelyne van die ontwerp met 'n swart pen op die materiaal af. Teken die buitelyn van die aarbei of appel op die regte kante van albei stukke materiaal sodat hulle spieëlbeelde van mekaar is.

3 Verf die ontwerp op die voorkant van die vatlap en daarna op die agterkant van die vatlap. Onthou om altyd ongeveer 1 cm oor die buitelyne te verf sodat daar nie 'n wit rand uitsteek nadat die voor- en agterkante aan mekaar vasgestik is nie.

4 Verf 'n stukkie ekstra materiaal in 'n effe kleur indien 'n lissie van geverfde materiaal gemaak gaan word.

5 Laat die verf baie goed droog word voordat jy enigsins verder aan die vatlappe werk. Dit neem gewoonlik 'n dag, maar in klam weer kan dit selfs langer neem.

6 Fikseer die verf met een van die hittebehandelings soos beskryf op bladsy 29.

7 Sny die voorkant van die vatlap met sy naattoelating netjies uit. Speld die voorkant op die watteersel vas. Indien net die bokant van die vatlap gekwilt word, moet dit nou gedoen word (kyk bladsy 90).

8 Stik op die buitelyn van die vatlap, deur die watteersel en voorkant van die vatlap om as gids te dien wanneer die voor- en agterkant aan mekaar vasgestik word.

9 Sny die watteersel net so groot soos die vatlap plus die naattoelating.

10 Maak die lissie van materiaal deur 'n stukkie materiaal van 4 x 16 cm vir elke lissie uit te sny. Vou die materiaal in die lengte dubbel en vou daarna die rou kante sover as moontlik na binne. Stik die kante met 'n bo-stiksel naby die rand vas. Bepaal waar die lissie aan die vatlap vasgestik moet word. Vou die lissie dubbel en speld dit aan die bokant van die voorkant van die vatlap vas met die rou rande van die lissie op die rou rand van die vatlap.

11 Speld die agterkant en die voorkant met regte kante opmekaar aan mekaar vas.

12 Stik op die stiksel wat in stap 8 gemaak is met die watteersel na bo. Begin en eindig deur heen en weer te werk. Laat 'n opening van ongeveer 8 cm aan die langste sy om die vatlap om te keer.

13 Knip kepies om die rondings van die naat sodat dit 'n mooi sagte ronding vorm wanneer dit omgekeer word.

14 Keer die vatlap om en stryk die nate van die binnekant af met die vingers glad. Werk die opening met onsigbare oorhandse steke toe.

15 Stryk die vatlap baie versigtig en deeglik.

16 Indien die kwiltwerk op die agterkant sigbaar moet wees, word dit nou gedoen. Indien die vatlap glad nie gekwilt word nie, kan daar ongeveer 2 mm van die kant 'n bo-stiksel aangebring word om te sorg dat die vatlap lekker stewig is.

> MAAK JOU EIE GESKENKPAPIER WAT BY JOU GEVERFDE GESKENKE PAS DEUR DIESELFDE MOTIEWE OP BRUINPAPIER OF SELFS GEWONE WIT, SKOON KOERANTPAPIER TE TEKEN. DIE BUITELYNE VAN DIE MOTIEWE KAN MET GEKLEURDE PENNE OORGETEKEN WORD OF DIE MOTIEWE KAN MET VILTPENNE INGEKLEUR WORD. MATERIAALVERF SAL NIE DEUG VIR SULKE DUN PAPIER NIE AANGESIEN DIT DIE PAPIER TE NAT MAAK.

Vatlappe, handdoekies, afdroogdoeke en teenette is slegs enkele van die artikels wat van geverfde lap gemaak kan word.

VOORSKOTE

Enige van die ontwerpe in hierdie boek lyk mooi op 'n voorskoot en veral die groente is 'n treffer. Dit is 'n heerlike geskenk vir 'n man wat daarvan hou om kos te kook en vleis te braai.

Benodigdhede

- 1 x 0,75 m ongebleikte linne
- 2 m wit band van 2 cm breed vir die halsstrook en bande van die voorskoot
- Verf benodig vir die ontwerp
- Kwaste

1 Berei die materiaal vir die voorskoot voor deur dit te was en daarna baie goed te stryk.

2 Teken die patroon volgens die diagram op bladsy 127 op papier. Die diagram maak voorsiening vir 1,5 cm-some reg rondom die voorskoot.

3 Knip die voorskoot volgens die patroon uit.

4 Trek die buitelyne van die ontwerp met 'n swart pen op die materiaal af.

5 Verf die ontwerp en laat dit goed droog word.

6 Fikseer die verf met een van die hittebehandelings soos beskryf op bladsy 29.

7 Stik 'n dubbelsoom van 1 cm reg rondom die voorskoot. Dit word gedoen deur eers 'n omslag van 0,5 cm en daarna 'n soom van 1 cm in te vou.

Skilder 'n eenvoudige ontwerp op 'n voorskoot om dit meer trefkrag te gee.

8 Meet die lengte van die die band wat om die nek gaan en stik dit netjies en stewig vas. 'n Gemiddelde lengte is 56 cm, maar maak seker dat die band gemaklik oor die kop gaan.

9 Werk die bande waarmee die voorskoot om die lyf vasgebind word, stewig vas. Maak die bande 70 cm lank. Druk die punte van die bande op 'n warm stoofplaat sodat dit nie uitrafel nie. Indien die bande van katoen is, sal jy 'n klein soompie moet inwerk aangesien hitte nie katoen verseël nie.

INKOPIESAKKE

Benodigdhede
- 2 stukke materiaal van 40 x 50 cm vir die sak
- 2 stukke materiaal van 8 x 80 cm vir die handvatsels
- Verf benodig vir die ontwerp
- Kwaste
- Omkapmasjien

1 Sny die materiaal netjies in reghoeke voordat jy begin verf. Die mates van die voltooide sak is ongeveer 34 x 42 cm. Merk die verfarea met 'n pers merkpen sodat daar aan die kante ongeveer 3 cm vir nate oorbly en bo ongeveer 5 cm vir 'n soom. Indien jy nie die area afmerk nie, gaan jy dalk vind dat 'n deel van jou ontwerp in die some of nate verdwyn.

2 Trek die buitelyne van die ontwerp met 'n swart pen op die materiaal af.

3 Skilder die ontwerp op die materiaal en laat die verf baie goed droog word.

Sakke soos dié is veral gewild onder studente om hulle boeke in rond te dra.

4 Fikseer die verf met een van die hittebehandelings soos beskryf op bladsy 29.

5 Stik die sykante en onderkant van die sak toe. Sny die nate ongeveer 1 cm breed en werk hulle met 'n omkapmasjien af. Keer die sak om en stryk die nate netjies plat.

6 Vou die stroke materiaal vir die bande in die lengte dubbel en stik hulle met 'n 1 cm-naat toe. Keer die bande om en stryk hulle netjies op die naat plat. Stik twee stiksels ongeveer 2 mm vanaf die kante bo-op die bande sodat hulle plat en stewig bly. Werk die punte van die bande met 'n omkapmasjien af.

7 Werk die rand van die bokant van die sak met 'n omkapmasjien af en vou die soom ongeveer 4 cm na binne om. Stik die soom met 'n dubbele stiksel reg rondom vas.

8 Speld die bande 5,5 cm vanaf die synate, met hulle punte gelyk met die onderkant van die boonste soom, aan die binnekant van die sak vas. Stik die bande stewig vas.

ROMEINSE BLINDING

Die geheim vir hierdie tipe blinding is netjiese en akkurate werk en goeie, stewige materiaal. Hoe noukeuriger jy van die begin af werk, hoe beter die resultaat. Twee koppe is ook altyd beter as een, en iemand wat kan help met die meet, vashou, saag en boorwerk, maak alles sommer baie makliker.

Benodigdhede

- Materiaal met die ontwerp wat klaar reeds haaks op die materiaal geverf is. Gebruik stewige materiaal wat verkieslik haaks geweef is. Die materiaal moet rondom minstens 5 cm groter wees as die voltooide blinding
- Materiaal vir die voering – stewige materiaal waarvan die drade maklik kan trek, werk die beste
- Pers merkpen
- Lang, stewige liniaal
- Velcro
- Plat aluminiumstrook of houtlat om te dien as 'n gewig aan die onderkant – 1 cm korter as die voltooide breedte van die blinding
- Ronde houtstokkies of 'dowels' met 'n deursnee van 8–10 mm en 1 cm korter as die breedte van die blinding
- Plastiekringetjies
- 20 x 10 mm-houtplankie vir vashegting aan muur
- Materiaal om houtplankie oor te trek
- Kramskieter en kramme
- Skroefogies
- Koord
- Knoopskut
- Skroewe met muurproppe
- Klamphaak met skroefies

1 Meet die grootte van die vensterinham en teken dit uit op 'n stuk papier.

2 Bepaal die voltooide lengte en breedte van die blinding as volg en teken die mates in op die skets: As die blinding binne die vensterinham moet pas, trek 1 cm van die lengte en breedte af sodat die blinding maklik kan beweeg. Maak ook seker dat die venster presies reghoekig of vierkantig is anders gaan die blinding nie inpas as hy klaar is nie. Indien dit nie die geval is nie, moet aanpassings gemaak word sodat die blinding wel kan inpas. Indien die blinding bo-oor die vensterinham hang, voeg ongeveer 5 cm aan elke kant en ongeveer 10 cm bo en onder by.

3 Die spasiëring van die opnaaisels vir die stokkies word nou bereken en op die tekening aangebring. Daarna word al hierdie mates op die voering van die blinding uitgemerk. Bereken die spasiëring van die stiksels op die blinding as volg:
- ❖ Trek die lyn vir die eerste stiksel 30–33 cm van bo af;
- ❖ Laat 25–27 cm toe vir elke volgende seksie;
- ❖ Die orige gedeelte vorm die flap wat die soom insluit.

4 Bereken die spasiëring van die opnaaisels op die voering en bring dit ook eers op die skets aan:
- ❖ Trek die lyn vir die eerste opnaaisel 1 cm verder van bo af as dié van die blinding – die voering is 0,5 cm korter as die blinding en 1,5 cm word bygevoeg vir elke kant van die opnaaisel vir die eerste ronde houtstokkie. Laat elke keer 3 cm meer toe as vir die blinding vir elke seksie om voorsiening te maak vir die opnaaisels waardeur die ronde houtstokkies gesteek gaan word;
- ❖ Die onderste gedeelte kan 0,5 cm korter as dié van die blinding gemaak word sodat die voering mooi plat onder die soom inpas.

5 Knip die blindingmateriaal: Voeg ongeveer 4,5 cm aan beide kante en 3 cm bo en 10 cm onder by die voltooide mates vir die some.

6 Knip die voeringmateriaal 2 cm smaller as die blinding. Indien goeie sateenmateriaal gebruik word, kan al die buiterande van die voering, die voumerke van die some en opnaaisels vir die ronde houtstokkies met die merkpen uitgemerk word en die drade dan getrek word. Dit lyk miskien na baie ekstra werk, maar spaar uiteindelik baie meet en pas.

7 Stryk die kantsome van die voering op die merke van die getrekte drade in.

8 Stryk, met die some na binne, 'n vou op die middelste merk van die drie getrekte drade vir elke stokkie en speld die ander twee merke presies op mekaar vas. Let wel: geen kantsome word met die masjien ingestik nie, hulle word slegs ingestryk.

9 Stik presies op die twee merke wat vasgespeld is om só die eerste opnaaisel te vorm. Dit is baie belangrik om hier presies te werk, anders sal die houtstokkies dalk nie deur die gleuwe kan skuif nie.

10 Herhaal stappe 8 en 9 vir elke opnaaisel.

11 Merk die kantsome van die blinding baie duidelik met die merkpen of ryg 'n duidelike merk waar die vou moet wees, asook die posisies van al die stiksels by die opnaaisels vir die stokkies.

12 Stryk die kantsome baie versigtig in.

13 Laat die blindingmateriaal met die regte kant na onder plat op 'n tafel lê. Plaas die voering met die regte kant na bo op die blindingmateriaal, sodat die opnaaisels vir die ronde houtstokkies boontoe wys.

14 Plaas die middelste opnaaisel op die blinding se merk, presies 1 cm vanaf die voue van die kantsome van die blinding. Die resultaat is beter as daar met die middelste opnaaisel begin word en nie van bo na onder nie. Speld die voering noukeurig op die blinding vas en stik die voering hier aan die blinding vas. Gebruik 'n redelike groot masjiensteek en versterk die eindpunte van die opnaaisel deur 'n paar steke heen en weer te werk. Werk versigtig en netjies aangesien die onderkant die voorkant van die blinding is en dus sigbaar gaan wees. Rol die gedeelte van die voering en blinding wat aan die regterkant deur die masjien moet gaan versigtig van buite na binne op voor jy begin werk – as dit in 'n bondel deurgestoot of geforseer word, trek die materiaal en word dit verwring.

15 Herhaal stap 14 vir elke opnaaisel. Stryk elke keer die twee stukke materiaal met jou hande en speld dit versigtig vas. Toets na elke stiksel of die blinding glad hang en nie 'blase' maak nie. Indien wel, moet jy lostrek en weer probeer.

16 Stryk 'n soom van 3 cm aan die bokant van die blinding in en vou die boonste stuk voering netjies onder die soom in. Indien die voering bo omrol, sny jy dit ongeveer 0,5 cm korter. Stik 1 cm van bo af vas.

17 Stik die sagte kant van die velcro met die boonste rand op die stiksel van stap 16 aan die binnekant van die blinding vas. Stik die velcro eers bo en dan onder in dieselfde rigting sodat dit nie skeeftrek nie. Aan die voorkant is dus drie stiksels sigbaar – twee is ongeveer 1 mm uitmekaar aan die bokant en een is ongeveer 1,5 cm onder hierdie stiksels.

18 Stryk 'n omslag van 2 cm en daarna 'n 8 cm-soom onder in die blinding in en vou die onderste rand van die voering in. Stik deur die voering en die blindingmateriaal en los die sykante van die soom oop.

19 Steek die plat aluminiumstrook of houtlat in die onderste soom en werk die openinge aan die sykante met netjiese glipstekies toe.

20 Steek die ronde houtstokkies by die openinge van die opnaaisels in. Werk die openinge met glipstekies toe.

21 Laat die blinding plat lê met die voering na bo. Meet en merk die posisies van die ringetjies op die opnaaisels uit. Die eerste en die laaste vertikale rye ringetjies is ongeveer 3 cm van die sykante van die blinding. Die orige vertikale rye behoort eweredig ongeveer 30 cm uitmekaar oor die breedte van die blinding gespasieer te word. Werk al die ringetjies stewig in posisie op die voue van die opnaaisels vas.

22 Saag die boonste houtplankie so lank soos die voltooide breedte van die blinding, trek dit met materiaal oor en kram die growwe velcro aan die voorkant van die plankie vas.

23 Boor gaatjies deur die plankie waardeur dit aan die muur vasgeskroef gaan word.

24 Skroef die skroefogies aan die onderkant van die plankie in sodat die posisie ooreenstem met dié van die vertikale rye ringetjies op die blinding. Skroef 'n ekstra ogie in aan die kant waar die intrekkoorde deurgeryg gaan word.

25 Druk die sagte velcro op die growwe velcro om die blinding aan die houtplankie vas te heg.

26 Knoop die koord stewig aan die onderste ring van die eerste vertikale ry vas. Ryg dit op deur die orige ringetjies, deur die skroefogies in die houtplankie en na die kant van die blinding waar die intrekkoorde bymekaar gehou gaan word. Herhaal met die res van die vertikale rye ringetjies

27 Trek al die koorde gelyktydig in sodat die blinding eweredig optrek. Maak seker dat die voue gelyk hang.

28 Hou die intrekkoorde stewig vas en laat sak die blinding tot onder. Knoop die koorde sowat 50 cm van die boonste houtplankie liggies vas.

29 Maak die koorde weer los en ryg hulle weer uit tot by die boonste ringetjie in elke ry. Trek die velcro los en sit die blinding eenkant neer.

30 Skroef die houtplankie deur die gate aan die muur of vensterraam vas en ryg weer die koorde deur. Druk die velcro weer versigtig in die regte posisie vas en ryg die punte van die koorde weer deur die skroefogies onderaan die houtplankie.

31 Knoop die punte van die koorde nou stewig vas en bind 'n knoopskut aan die punte van die koorde vas. Smelt die begin- en eindpunte van al die koorde liggies met 'n vuurhoutjie om te verhoed dat hulle uitrafel.

32 Skroef 'n klamphaak aan die muur of vensterraam vas, aan die kant van die intrekkoorde, sodat die koord daarom gedraai kan word wanneer die blinding opgetrek is.

Die geheim tot 'n geslaagde blinding is om netjies en akkuraat te werk en stewige materiaal van goeie gehalte te gebruik.

BOKSRAME

Om artikels op hierdie manier te monteer is baie goedkoop en effektief. Wanneer 'n paar sulke rame saam gehang word, kan dit baie treffend wees.

Benodigdhede

- Materiaal met die ontwerp wat klaar reeds haaks op die materiaal geverf is. Gebruik stewige materiaal wat verkieslik haaks geweef is. Die materiaal moet rondom minstens 5 cm groter wees as die voltooide raam. Die afmetings van die voorbeelde is 60 x 60 cm. Die grootte van die materiaal is dus 70 x 70 cm om voorsiening te maak dat die materiaal oorgetrek en agter vasgekram kan word.
- Vierkantig gesaagde hout van 2,5 x 2,5 cm of stewige vloerlyste. Enige hout wat nie kromtrek nie en sonder barste is, soos dennehout van goeie gehalte of meranti, kan gebruik word. Die afmetings sal ook afhang van die uiteindelike grootte van die raam. Vir 'n baie groot kunswerk sal dikker hout gebruik moet word.
- Kramskieter en kramme
- Houtlym
- Spykers

1 Besluit hoe groot die uiteindelike gemonteerde artikel moet wees en tel dan rondom twee maal die dikte van die raam by, dit wil sê, as die raam 2,5 cm breed is word 5 cm reg rondom bygetel. Sorg dat die hoeke haaks is – onthou 'n skewe lap kan nie later reggetrek word nie. Indien jy hier van die begin af reg werk, gaan jy jou uiteindelik baie moeite spaar.

2 Teken met 'n potlood 'n gidslyn aan die verkeerde kant van die materiaal. Hierdie lyn word op 'n afstand wat tweemaal die breedte van die raam is, van die buiterand van die materiaal af getrek. Stryk voue in die materiaal op hierdie lyne. Hierdie voue dien dan as gids vir die buitelyne van die voltooide artikel. Teken die ontwerp op die materiaal en verf dit. Laat die verf heeltemal droog word.

3 Stryk die materiaal baie goed aan die agterkant om die verf te fikseer.

4 Elke plankie van die raam is die breedte van die hout korter as die voltooide lengte van die sy. In geval van die voorbeelde waarvan die sye elk 60 cm en die hout 2,5 cm breed is, is elke stuk hout dus 57,5 cm lank. Plak die hout met houtlym aanmekaar vas en heg dan die twee stukke hout op elke hoek ook met twee spykers vas. Laat die lym goed droog word.

5 Sorg dat die ingestrykte voue, wat nou nog effens sigbaar behoort te wees, op die buiterand van die raam lê. Kram die eerste kant van die materiaal stewig aan die agterkant vas – laat egter die laaste 5 cm van die kante los sodat netjiese voue op elke hoek gemaak kan word.

6 Kram die volgende kant vas en hou so aan totdat al vier kante vasgekram is.

7 Vou die hoeke netjies plat en kram vas.

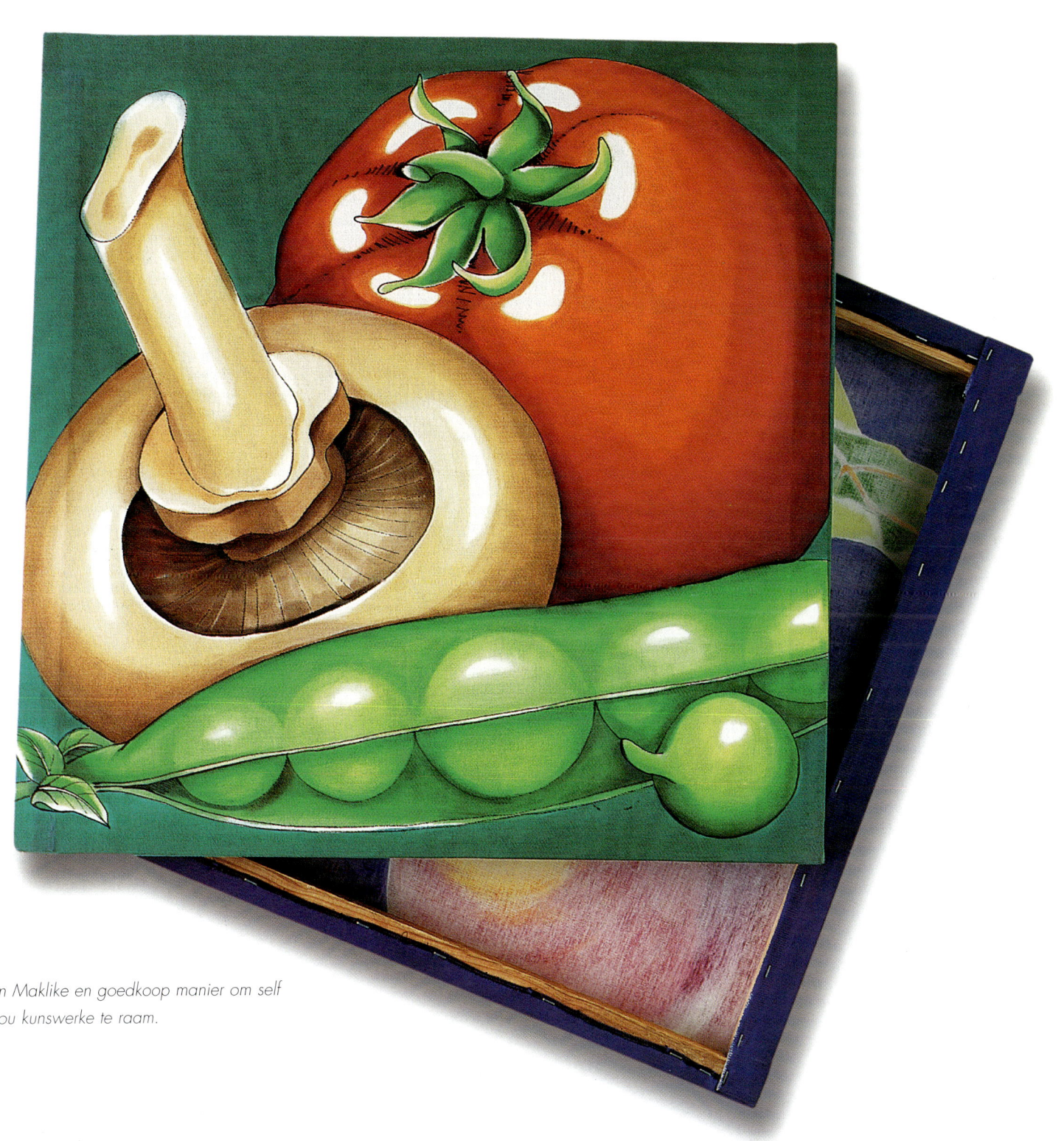

'n Maklike en goedkoop manier om self jou kunswerke te raam.

ONTWERPE & DIAGRAMME

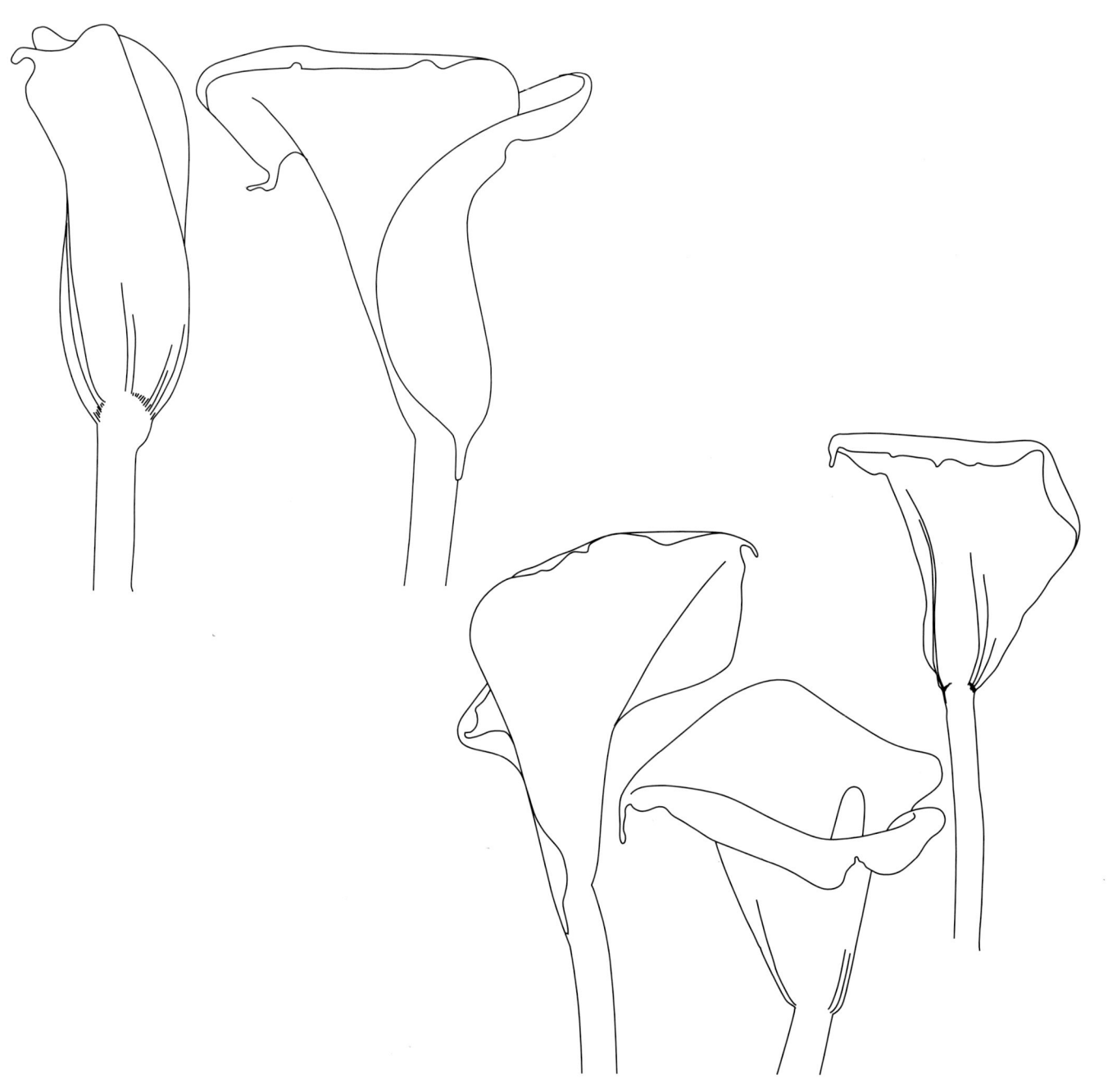

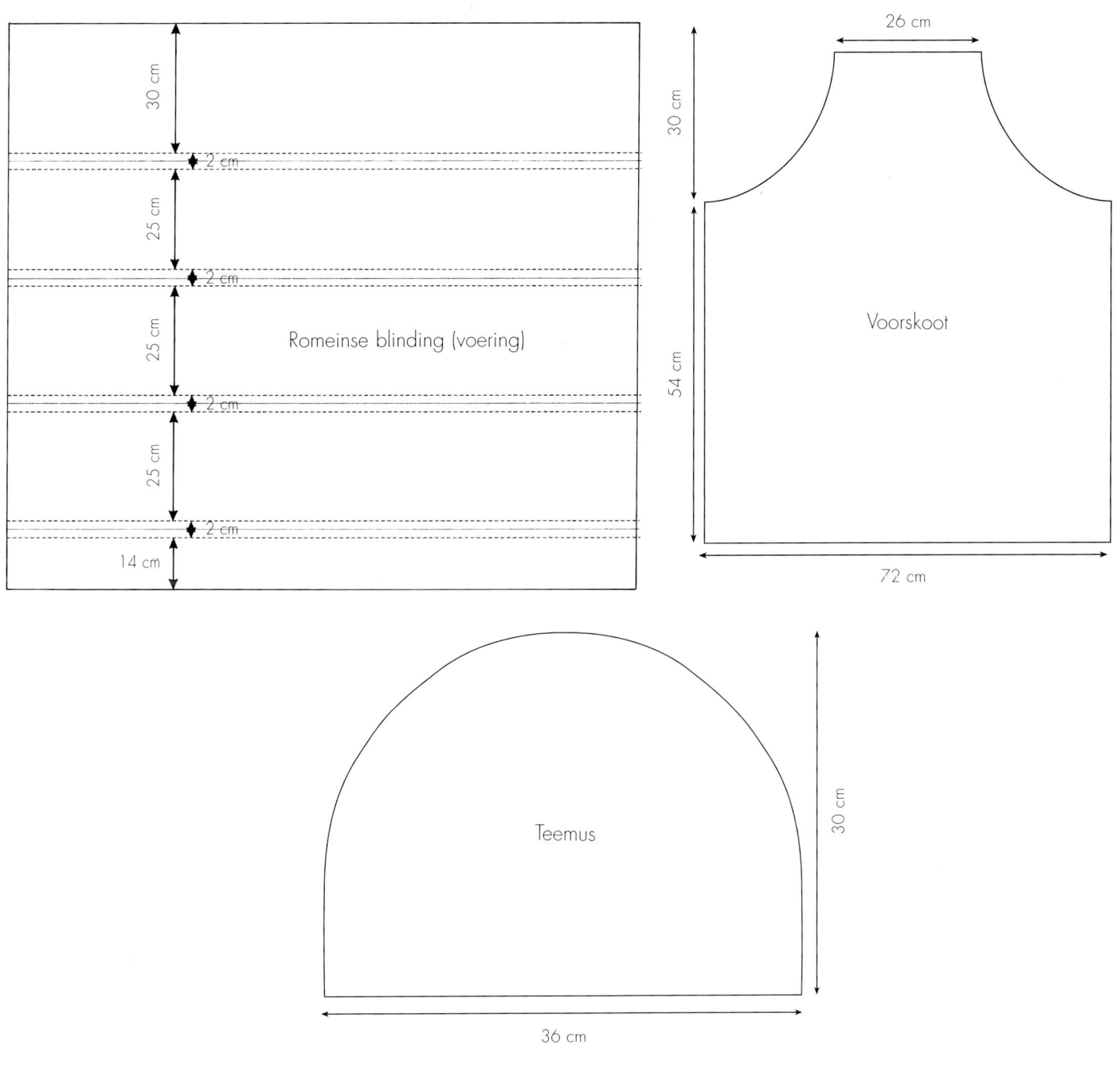

ONTWERPE EN DIAGRAMME

INDEKS

*(Skuinsgedrukte bladsynommers verwys na illustrasies, **vetgedrukte** bladsynommers verwys na foto's.)*

A
Agtergrond
   Driedimensionele 26, **26**
   Egalige, effe 24–25, *25*
   Geskraapte 27, **27**, *27*

B
Benodigdhede, algemene 8–15, **9**
   Kwaste 8
   Ligtafel 8
   Materiaal 11
   Skrapers 8
   Sponse 8
   Werkoppervlak 10
   Verf 12–15
   X-straalplate 8
Buiterande 28, **28**, *125*

D
Diagramme *112–127*

H
Hittebehandelings 29

K
Kleurgebruik 20–21
   Buitelyne 21, *21*
   Kies van kleure 20
   Kleurwiel 20

M
Maak van artikels 91–111
   Afdroogdoeke 101, **103**
   Blindings 106–108, **109**, *127*
   Boksrame 110, **111**
   Handdoeke 98, **103**
   Inkopiesakke 105, **105**

Romeinse blindings 106–108, **109**
Servette 91–92, **93**
Skinkbordlappe 97, **99**
Tafeldoeke 91–92, **93**
Tafelmatjies 94–96, **95**
Teemusse 97–98, **99**, *127*
Teenette 100, **103**
Voorskote 104, **104**, *125*
Vatlappe 101–102, **103**
Materiaal
   Keuse van 11
   Voorbereiding van 11

O
Ontwerpe
   Aanbring op materiaal 18
   Basiese 30–53
      Aarbeie 32–33, *32*, **33**, *112*, *113*
      Appels 34–35, *34*, **35**, *112*, *114*
      Druiwe 44–45, *44*, **45**, *118*
      Druiweblare *21*, 46–47, *46*, **47**
      Kombinasies 50–53
      Lemoene 40–41, *40*, **41**
      Pere *24*, 42–43, *42*, **43**, *117*
      Sonneblomme 36–37, *25*, *36*, **37**, *115*
      Strepe en ruite 48–49, *48*, **49**
      Suurlemoene 38–39, *38*, **39**, *116*
   Gevorderde 54–67
      Beet **54**, *56*, *119*
      Ertjiepeul *57*, **111**, *112*
      Gesiggies *16*, 62–63, **63**, *121*
      Krismisrose 60–61, *60*, *61*, *120*
      Laventel 59, *59*
      Poinsettias en huls 64–65, **64**, *65*, *119*

Rose 66, **67**, *122*
Sampioene *57*, **111**, *112*
Tamaties 58, *58*, *119*
Keuse van 11
Kombinering van basiese 18, 50, **51**, 52, **53**
Saamgestelde 68–85
   Blinding met groente 76, **77**
   Blinding of muurpaneel 82, **83**
   Mandjie met vrugte 70, **71**, *126*
   Skulpe en seekastaiings 26, *72*, **73**, *123*
   Uitsig deur 'n venster 84, **85**
   Varkore 78–81, **79**, **81**, *124*

P
Perspektief 24, *24*

R
Randpatrone 19, *19*

S
Skraaptegniek 27
Skildertegnieke 22–28

V
Verf, koop en meng 12–15, **13**
   Soorte
      Deurskynende basis 12
      Deurskynende kleure 12
      Halfdeurskynende verf 12
      Metaalkleure 12
      Niedeurskynende 12
      Pêrelkleure 12
      Pofverf 12
   Kleure 14–15
Vergroting en verkleining 17, *17*